백만장자 신데렐라 레슨

KB059702

백만장자
신데렐라 레슨

스스로 원하는 인생을 손에 넣는 4가지 법칙

카렌 나쓰키 지음
송경원 옮김

북바이북

내가 주인공인 신데렐라 스토리를 써나간다!

빛나는 자립적인 여성으로 변신시키는 마법의 열쇠

"어디서 돈이 뚝 떨어지면 좀 더 자유로워질 수 있을 텐데." "원하는 시간에 원하는 곳에서 일할 수 있다면 얼마나 좋을까." 혹시 한 번쯤 이런 생각을 해본 적 없나요? "그런 꿈같은 이야기가 어디 있어……." 이렇게 포기한 적은요?

축하합니다! 이 책은 '돈'과 '시간'과 '장소'의 자유를 손에 넣을 수 있게 도와주고, 자립해서 더 빛나는 여성으로 거듭나게 해주는 '마법의 열쇠'입니다. 이 책을 손에 든 여러분은 행운을 발견한 것입니다. 자, 눈앞에 문이 보이나요? 그 문을 열고 들어가면 빛나는 꿈들을 모두 실현할 수 있습니다. 손에 쥔 마법의 열쇠로 문을 활짝 열어보세요. 상상을 초월하는 미래가 기다리고 있습니다.

우선 제 소개부터 하겠습니다. 저는 여러분을 신데렐라로 거듭나게 할 프로듀서 카렌 나쓰키입니다. 여성들이 하고 싶은 일을 하며 최고의 행복을 거머쥘 수 있도록 응원하는 '해피 신데렐라 클럽'을 운영하는 등 7가지 일을 하면서 매달 전 세계를 여행하며 자유롭게 살고 있습니다. 카리브해 크루즈 여행, 오리엔트 급행 열차 여행, 모나코나 베벌리힐스 여행 등을 기획해서 동료들과 함께 즐겁게 여행하는 것도 일의 하나죠. 물론 처음부터 이랬던 것은 아닙니다. 진짜 하고 싶은 일을 찾고, 조사하고, 행동하고, 잘 다듬으려 노력한 끝에 노트북 한 대로 원하는 시간과 장소를 선택해 일할 수 있게 되었습니다.

대체 어떤 사람이기에 그게 가능했느냐고요? 제게 뭔가 특별한 능력이 있느냐 하면 그건 아닙니다. 제가 운영하는 회원제 커뮤니티 해피 신데렐라 클럽에서는 하고 싶은 일을 하며 살아가는 방법, 즉 자신이 잘하는 일을 하면서 많은 수입을 얻어 '돈'과 '시간'과 '장소'의 자유를 손에 넣는 방법을 알려드리고 있습니다. 그리고 실제로 회원들에게도 변화가 일어나기 시작했습니다. 그녀들은 "월수입 1,000만 원을 달성했어요!" "아이 둘 딸린 엄마지만, 매달 해외여행을 갈 만큼 경제적 여유가 생겼어요!" "제 인생을 마음껏 즐길 수 있게 됐습니다!"라고 말합니다. 이처럼 그녀들은 점점 더 빛나는 인생을 만들어가고 있습니다.

어떻게 이런 비결을 알려드리게 됐을까요? 중학교 때부터 창업해서 돈의 자유를 손에 넣을 수 있는 삶의 감각을 갈고 닦아온 덕분입니다. 대학 시절에는 직접 만든 온라인 쇼핑몰에서 1,000만 원이 넘는 돈을 벌어들이거나, 휴학하고 연 매출 30억 원의 온라인 쇼핑몰에서 점장으로 일하는 등 맹렬히 도전하며 성과를 거뒀습니다. 하지만 막상 취직한 뒤에는 몸과 마음이 지칠 대로 지쳐 회사를 그만둘 수밖에 없었고, 좌절하기도 했습니다.

23살이 되던 해에는 엄마와 함께 에스테틱 숍을 열었습니다. 제가 직접 운영하는 가게가 5개였고, 나중에는 60여 개 점포 개점을 종합적으로 지원하는 등 30살이 된 지금까지 다양한 경험을 쌓았습니다. 그리고 '이제는 인터넷 시대다'라는 생각이 들었을 때는 곧바로 일본 최고의 블로거에게 도움을 요청했습니다. 뭐든 한번 시작하면 끝을 보는 성격이라서 인터넷을 활용해 차별화하는 방법을 철저히 익히며 영업력을 높여왔습니다. 지금까지 관여해온 사이트의 연 매출은 거의 수십억 원에 이릅니다. 이런 경험과 지혜가 있었기에 사람들이 하고 싶어 하는 일을 찾아내고, 그들의 강점을 발견해서 그것을 풍부한 경제력으로 키워나갈 수 있도록 도움을 줄 수 있었습니다.

저는 누구나 마음만 먹으면 하고 싶은 일을 하며 살아갈 수 있고, 모든 꿈을 이룰 수 있다고 생각합니다. 여러분의 꿈은 무엇인가요? 한 달에 한 번 해외로 떠나는 것, 독채 건물에 가게를 차리는 것, 외국에 별장을 갖는 것, 돈과 시간과 장소의 자유를 손에 넣는 것. 저는 이런 생활이 가능해지는 날을 줄곧 마음속에 그려왔습니다. 그리고 실제로 그 꿈들을 모두 이뤘습니다.

제가 말하는 '신데렐라'는 왕자의 선택만을 기다리는 소극적인 여성이 아닙니다. 하고 싶은 일을 하며 경제적으로 풍요롭고, 시간과 장소에 얽매이지 않고 자유롭게 일하거나 자신을 최고로 행복하게 만들어가는 능동적이고 자립적인 여성입니다.

위 외국의 어느 레스토랑에서 노트북으로 일하는 저자
왼쪽 아래 유럽 오리엔트 급행 열차 여행
오른쪽 아래 모나코에서 바다를 바라보며 즐기는 아침 식사

내 인생은 나만의 것이며, 그 이야기의 주인공도 나입니다. 그리고 누구나 마음만 먹으면 '내가 주인공인 신데렐라 스토리'를 써나갈 수 있습니다.

"저도 달라질 수 있을까요?" "저 같은 사람도 할 수 있을까요?" "그런 꿈 같은 이야기가 정말로 이루어질까요?" 바로 얼마 전까지 이렇게 말하던 회원들이 각자 마음속에 그려온 인생을 손에 넣을 수 있었던 것은 이 책에서 제시하는 '최고의 신데렐라 스토리를 써나가는 4가지 과정'을 착실하게 실천했기 때문입니다. 그리고 이 4가지 과정을 통해 돈에게 사랑받고, 세상에서 가장 행복해진다는 '백만장자 마인드'를 갈고닦은 덕분입니다. 백만장자 마인드야말로 돈, 시간, 장소의 제약을 받지 않는 자유로운 세계, 여러분이 꿈꾸는 이상적인 삶으로 이끄는 동기와 신념이 됩니다. 나머지는 여러분의 열정에 달렸습니다.

사실 이 책의 내용은 일회성 세미나에서는 30만 원, 개인 컨설팅이라면 300만 원에서 2,000만 원은 받고 강연하는 것들입니다. 하지만 많은 여성이 신데렐라 스토리를 써나가는 방법을 익혀 자신이 주인공인 인생을 손에 넣기를 바라는 마음에서 이번에 특별히 공개하기로 했습니다.

이 책에서는 내 인생의 주인공으로 살아가는 비결을 소개합니다. 부적처럼 늘 가방에 넣고 다니면서 반복해서 읽고 실천해보세요. 틀림없이 여러분이 원하는 삶으로 향하는 길이 활짝 열릴 것입니다.

부디 이 책이 삶의 방식을 자유롭게 선택하는 데 열쇠가 되기를, 인생의 주인공으로 살아가기 위한 나침반이 되기를 진심으로 바랍니다.

차례

CINDERELLA

1장

중학생 때 사업을 시작하다

운을 끌어당겨 꿈을 이루는 요령

LESSON

중학생 때
사업을 시작하다

나를 성장시키는 경험과 기술을 얻기 위해 돈을 쓴다

먼저 제 이야기부터 조금 하겠습니다. 고작 서른 살 넘은 나이에 여러 가지 일을 하고 있어서 그런지 자주 이런 말을 듣습니다. "어떻게 살면 나쓰키 씨처럼 될 수 있나요? 꼭 가르쳐 주세요!" 그래서 이 책을 쓰기 위해 기억을 더듬어봤습니다. 창업하는 사람의 마음가짐, 운을 끌어당기는 요령, 꿈을 이루는 비결 등에 관한 다양한 힌트를 깨달았습니다.

조금 이야기가 길어질지도 모르고 약간 쑥스럽기도 하지

만 끝까지 제 이야기를 들어주시면 좋겠습니다. '최고의 신데렐라 스토리를 써나가는 4가지 과정'에 대해 빨리 알고 싶은 분들은 이 부분을 건너뛰고 3장부터 읽으셔도 됩니다.

지금처럼 사람들 앞에서 당당하게 이야기하는 모습을 보면 상상하기 어렵겠지만, 어릴 때 저는 눈에 띄고 싶어 하지 않고 낯가림도 심한 아이였습니다. 음악 학원에 다녔는데, 그곳에 간 첫날에 그 학원에 다니지도 않는 남동생에게 자기소개를 대신 해 달라고 부탁할 만큼 사람들 앞에 나서기를 꺼렸습니다.

초등학교 시절에도 되도록 남의 눈에 띄는 행동은 하지 않으려 했습니다. 6학년 때는 중학교 입학시험을 앞둔 시기여서 더욱 그랬겠지만, 친구와 밖에서 함께 논 기억은 놀랍게도 딱 한 번밖에 없습니다. 그 시절 제 유일한 위안은 당시에 정말 좋아하던 자니스 아이돌●의 활동을 지켜보고 응원하는 것이었습니다. 매달 아이돌 잡지가 발매되는 날만을 손꼽아 기다리며 열심히 공부했습니다.

중학교에 올라가서는 더 열심히 팬 활동을 하게 됐는데,

● 일본의 대형 연예기획사 자니스 소속의 아이돌.

그러다 보니 돈이 들었습니다. 처음에는 부모님이 보태주셨지만 점점 말을 꺼내기가 미안해졌습니다. '뭔가 좋은 방법이 없을까' 고민했고, 팬 활동에 드는 비용을 마련할 방법을 찾기 시작했습니다. 그러던 어느 날 오사카성 홀에서 열린 콘서트에 갔다가 '자니스○○동아리 회원 모집'이라고 적힌 전단 한 장을 받았습니다. 전단을 본 순간 "이거다!"라고 외쳤습니다. 그리고 내가 직접 동아리를 만들어야겠다고 생각했습니다.

그날 집에 돌아오자마자 컴퓨터를 켜고 전단부터 만들었습니다. 초등학교 5학년 때부터 팬 활동을 해온 덕분에 꽤 희귀한 정보도 많이 가지고 있었습니다. 예를 들면, '그의 모자에는 동그란 보풀이 3개 붙어 있었다'거나 '오늘의 핸드폰 줄은 ○○였다' 같은 것이었죠. 당시에는 아직 트위터나 페이스북 같은 SNS가 없었습니다. 팬이라면 별것 아닌 소소한 정보라도 좋아할 테니, 그런 정보를 실은 회보를 매달 발행하는 대신 회비를 받는 회원제 동아리를 만들기로 했습니다.

그리고 다음 날 콘서트장에서 나눠줄 회원 모집 전단을 1,000장가량 준비했는데 금방 동이 났습니다. 지금처럼 손

쉽게 이메일로 정보 등을 보낼 수 있는 시대가 아니었기에 회보 발송은 우편을 이용했습니다. 이렇게 연회비를 받는 회원제 동아리를 운영하며 중학생 때 50만 원에서 100만 원 정도의 돈을 벌었습니다.

이 이야기를 꺼내면 그런 아이디어는 대체 어디에서 나오냐는 질문을 종종 받습니다. 우선은 콘서트장에서 받은 전단지를 보고 회원 제도가 있다는 사실을 알게 되었고, 초등학생 때부터 초등학생용 신문을 구독하면서 돈을 내면 정보를 얻는다는 것을 깨달았습니다. 이 두 개가 합쳐져서 순간적으로 아이디어가 떠오른 듯합니다. 아이디어는 서로 다른 것의 조합에서 탄생한다는 말이 있는데, 정말 그렇습니다.

앞에서도 말했지만 저는 사람들 앞에서 말도 잘 못하고 낯가림도 심했습니다. 그랬던 제가 중학교 2학년 때 미국에서 홈스테이를 하면서 완전히 달라졌습니다. 그 경험이 인생에 엄청난 변화를 가져온 셈입니다. 미국인들은 지나치다 싶을 만큼 붙임성이 좋았습니다. 남의 집에 아무렇지 않게 들어오기도 하고, 일면식도 없는 사람을 초대해 홈 파티도 자주 엽니다. 집에 친구를 데리고 오려면 한 달 전에 미리 말해 달라는 말을 들으며 자란 저는 매일매일 다른 사람들이 쉴 새 없이 드나드는 모습을 보며 문화 충격을 받았습니다. 그리고 생각했습니다. '미국인이 되고 싶어! 미국인이 되자!'

하지만 어떻게 해야 미국인이 되는지 알 수가 없었습니다. 일단 피어싱을 하면 되지 않을까 싶어서 홈스테이 호스트에게 쇼핑몰에 데려가 달라고 부탁해서 귀를 뚫었습니다. 당시에 이미 내가 되고 싶은 사람처럼 행동하자는 생각과 실행력은 있었던 것 같습니다.

그때 처음으로 로스앤젤레스 외곽의 베벌리힐스를 지나가게 되었는데, 즐비하게 늘어선 호화 저택을 보고 큰 충격을 받았습니다. '세상에 이렇게 크고 멋진 집이 다 있구나' 하며 감탄이 절로 나왔습니다. 분수에서는 물이 뿜어져 나오고 리무진이 줄지어 선, 마치 금방이라도 공주님이 문을 열고 나올 것 같은 호화 저택들. 그 자리에서 제 꿈은 베벌리힐스에서 살아보는 것이 되었습니다.

짧은 시간이었지만 미국에서의 생활을 통해 세상에는 내가 모르는 세계가 아주 많다는 사실을 알게 되었습니다. 동시에 모르면 모르는 만큼 손해를 본다는 것을 느꼈습니다.

한눈팔 새 없이 공부에 매진하며 살아가는 인생이 있으면, 자유롭게 노래하고 춤추며 즐겁게 살아가는 인생도 있습니다. 인생을 즐기는 법은 각양각색이고, 각자에게 어울리는 방식이 있다는 사실도 깨달았습니다. 외국 생활을 향한 동경이 점차 커지면서 '어떻게 하면 공짜로 해외에 갈 수 있을까', '어떻게 하면 돈을 덜 들이면서 해외에서 계속 지낼 수 있을까'라는 생각만 끊임없이 하게 되었습니다.

노트북 한 대만 있으면 영어나 다른 언어를 할 줄 몰라도 전 세계 어디에서든 일할 수 있지 않겠느냐고, 막연히 그렇게 생각하기 시작한 것도 이즈음이었습니다. 사실 그 무렵 미국에서의 생활만큼이나 제게 큰 충격을 준 사건이 있었는데, 그것은 바로 한 선배와의 만남이었습니다.

제가 다녔던 학교는 중학교, 고등학교, 대학교 일관제* 학교인데, 어느 날 고등학교에 굉장한 선배가 있다는 소문을 들었습니다. 곧바로 고등학교 건물로 달려가 선배를 본 순간 사람을 매료시키는 그녀의 분위기에 압도당했습니다. 선배

● 유치원이나 초등학교부터 대학교까지 일단 입학하면 별도의 입학시험 없이 자동으로 상급 학교로 진학할 수 있는 제도로, 에스컬레이터식 교육 제도라고도 한다.

백만장자 신데렐라 레슨

는 몇몇 유명 잡지의 모델로도 활약 중이었습니다. 그때 최고가 되려면 잡지에 실려야 한다는 생각이 들었고, 꼭 잡지 모델이 되겠다고 결심했습니다.

그 일을 실행하기 위해 일단 선배의 사진이 실린 잡지 중 틴에이저 패션 잡지 〈JJ〉를 목표로 삼았습니다. 그리고 아르바이트로 번 100만 원을 손에 쥐고 여성스러운 옷을 파는 가게로 달려가 머리부터 발끝까지 변신했습니다. 독자 모델에도 응모했습니다. 그리고 고등학교 3학년 때 '부속학교 출신의 패션 스타일: 대학 데뷔 편' 모델을 해 달라는 편집부의 요청을 받고 〈JJ〉에 실리게 되었습니다. 목표를 이룬 것입니다.

어중간한 것은 딱 질색인 성격 덕분에 이런 식으로 한번 목표를 세우면 끝까지 해내려고 노력하며 중·고등학교 시절을 보냈습니다. 하지만 그 출발점이 된 것은 역시 미국 생활이었습니다. 새로운 세계를 만나고서 '모르는 만큼 손해'라는 것도 깨달았습니다. 사람은 자신이 보고 들은 경험 안에서만 생각하고 판단하기 마련입니다.

저는 보통은 선뜻 하기 힘든 카리브해 크루즈 여행, 유럽 오리엔트 급행 열차 여행, 모나코나 베벌리힐스 여행을 하며 현지에서 촬영한 동영상을 인터넷에 공개했습니다. 그 영상을 보고 "전 그런 호화로운 생활은 썩 하고 싶지 않네요"라고 말하는 사람도 있습니다. 물론 사람마다 가치관은 다르겠죠. 하지만 그렇게 말하는 것은 단지 그런 호화로운 생활을 경험한 적이 없기 때문일지도 모릅니다. 사람은 경험하지 않으면 그것이 얼마나 좋은 일인지, 얼마나 기분 좋은 일인지 알 수 없습니다. 경험한 적이 없는데도 "하고 싶지 않다"고 쉽게 말하는 사람을 보면 정말 안타깝습니다. 제가 존경하는 여자 사장님은 다음과 같이 조언해주셨습니다.

"가능성은 내 안에 있습니다. 멋진 사람을 만나고서 '나도 저런 사람이 되고 싶다'고 느끼는 동경. 멋진 장소를 발견하고서 또는 멋진 장소에 가보고서 이곳에 가보고 싶다거나 이런 곳에서 살아보고 싶다고 느끼는 동경은 언젠가 반드시 '이렇게 될 수 있다!'로 바뀝니다. 그것이 당신의 가능성입니다. 동경하는 것이 많을수록 가능성은 커집니다.

하루하루 느끼는 행복, 설렘, 두근거림을 소중히 하세요. 그렇게 하루하루 행복을 쌓아가는 것이 자신을 소중히 하는 방법입니다. 그것이 당신을 지금보다 더 멋진 사람으로 만들어 줄 테니까요. 얼마든지 당신이 하고 싶은 대로 해도 좋습니다. 당신은 가능성으로 가득 차 있습니다. 그러므로 가능한 한 많이 '일류'나 '진짜'를 직접 눈으로 보고 경험하세요. 인생은 단 한 번뿐이니까요."

절대 흘려들을 수 없는 가르침이었습니다. 당장 실천할 수 있는 일부터 해보자는 생각으로 먼저 돈을 쓸 때 우선순위를 정하기로 했습니다. 물건이 아니라 나를 성장시키는 경험이나 기술에 돈을 아낌없이 쓰기로 한 것이죠. 대부분의 사람은 돈 버는 방법을 모르기 때문에 '호화로운 생활을 할 수 없다'가 아니라 애써 '하고 싶지 않다'고 생각하려는 것일지 모릅니다. 만약 이렇게 생각하고 있다면 그만 멈추길 바랍니다.

앞으로 이 책에서는 제가 여러 가지 경험을 통해 깨달은 방법을 하나하나 소개할 예정입니다. 그 방법을 배워서 꾸준히 실천하다 보면 돈에서 자유로워질 수 있습니다. 그뿐만 아니라 자기가 원하는 인생을 설계하고 실현해나갈 수 있다고 확신합니다. 그럼으로써 더 많은 사람이 지금껏 몰랐던 새로운 세계를 만나게 되기를 진심으로 바랍니다.

들어가고 싶은 동아리가 없다면 스스로 만든다

다시 제 이야기로 돌아가겠습니다. 대학 입학식 날 테니스 동아리며 이벤트 동아리며 여러 곳에서 가입을 권유받았지만 들어가고 싶은 동아리는 하나도 없었습니다. 어떻게 할까 고민하던 중 아이디어가 떠올랐습니다. 들어가고 싶은 동아리가 없다면 직접 만들자. 이름도 다른 것과 차별화하자. 그렇게 해서 '아웃도어 동아리 행정부'를 만들었습니다. 동아리 임원들도 '○○ 장관'으로 부르기로 했습니다. 저는 물론 '총리'였고, 대학 내에서 '나쓰키 총리'라고 불리게 되었습니다.

　저는 흔히 볼 수 없는 색다른 이벤트를 여럿 기획했고 나름대로 성공적이었습니다. 그중에서 가장 반응이 좋았던 이벤트는 '교토 교복 미팅, 버스 소풍'입니다. 중학교 때부터 줄곧 여학교를 다녀서 그런지, 대학생이 되자 교복을 입고 데이트하고 싶은 마음이 커졌습니다. 인생은 한 번뿐이니까 지금 해보지 않으면 후회할 것 같았습니다. 남녀 30명씩 참가했는데, 그룹별로 활동하거나 직접 만든 도시락을 자랑하는 시간을 갖기도 하고 대나무 숲을 산책하기도 했습니다. 마지막은 골판지로 만든 두 번째 단추로 고백하는 시간*으로 마무리했습니다. 마침 크리스마스를 앞둔 시기여서 커플도 15쌍이나 탄생했습니다. 엄청난 호평이 쏟아졌고, 다음 해에는 더 많은 참가자가 모였습니다.

그런데 대학교 2학년 가을쯤에는 동아리 활동에도 점점 흥미가 떨어졌고, 대학 내 취업지원센터를 찾아갔습니다. 채용 공고를 살펴보니 영업직과 사무직이 대부분이었습니다. 구체적인 이미지는 떠오르지 않았지만, 내가 하고 싶은 일이 아니라는 것만은 금방 알 수 있었습니다. 충격이었죠. 그것을 깨달았을 때 '동아리는 그만두고, 앞으로는 일에 열정적인 에너지를 쏟아붓자. 나만이 할 수 있는 일을 하자'고 결심했습니다.

● 일본에는 졸업식 날 교복의 두 번째 단추를 이성에게 건네며 고백하는 문화가 있다.

온라인 쇼핑몰에서 1,000만 원의 매출을 올리다

그때부터 구체적으로 인터넷을 이용해서 할 수 있는 일을 생각하기 시작했습니다. 당시에 눈동자를 크고 또렷하게 보이게 하는 콘택트렌즈가 유행했는데, 저도 사용하고 있었습니다. 에스테틱 숍 같은 곳에서 사면 20~30만 원은 했었죠. 3개월에 한 번씩 교체한다 해도 비용이 꽤 많이 들기 때문에 좀 더 싸게 살 수 없을까 생각하던 중에 4만 원 정도에 파는 해외 온라인 쇼핑몰을 발견했습니다. 이것을 사들여 되팔면 상당한 수익을 올릴 수 있겠다고 생각했지만, 규제가 심해서 야후 옥션 사이트 등을 통해서는 판매할 수 없었습니다.

'그렇다면 내가 직접 온라인 쇼핑몰을 만들면 된다. 그러면 오래전부터 가보고 싶었던 나라들에 갈 수 있다!' 이렇게 생각한 저는 아버지를 통해 한 IT 벤처 기업 사장에게 조언을 구했습니다. "호리에몽●처럼 IT 계열 비즈니스를 해보고 싶어요." 그러자 이런 답변이 돌아왔습니다. "우리도 IT 기업

● 호리에 다카후미를 말한다. 그는 IT 열풍을 일으킨 선구자적 존재로, 애니메이션 캐릭터 도라에몽을 연상시키는 동글동글한 체형 덕분에 젊은이들 사이에서 '호리에몽'이라는 애칭으로 불렸다.

백만장자 신데렐라 레슨

이니까 언제 한번 찾아오세요." 마침 겨울방학이었기 때문에 바로 회사가 있는 도쿄로 날아갔습니다.

그곳에 도착하자 사장은 책을 한 권 주면서 스스로 공부해서 쇼핑몰 사이트를 만들어보라고 말했고, 저는 한 달 내내 침낭에서 쪽잠을 자가며 필사적으로 공부했습니다. 열심히 한 보람이 있어, 온라인 쇼핑몰의 디자인이나 판매 방법을 어느 정도 알게 되었습니다. 그리고 점차 컬러 콘택트렌즈 말고도 해외에서 사들인 상품을 사이트에 올려 판매해보고 싶다는 생각이 들기 시작했습니다.

그때 우연히 보고 있던 텔레비전 방송에서 '소원을 이루어주는 인형'을 소개하고 있었습니다. 그 인형을 가지고 있는 여성 모두가 결혼에 성공했다는 믿기지 않는 경험담이 이어졌습니다. 인형이 사고 싶어진 저는 당장 야후 옥션 사이트에 들어가 물건을 찾아보았습니다. 가격은 5천 원. 새로 고침 버튼을 클릭하자마자, 방송의 영향인지 20만 원으로 가격이 뛰어 있었습니다. 시간만 잘 맞췄다면 5천 원에 살 수 있었을 물건에 20만 원씩이나 투자하고 싶지는 않았습니다.

그러다가 문득 '내가 팔아보면 어떨까'라는 생각이 들었습니다. 알아보니 사이판에서 건너온 물건이었는데, 뜻밖에도 면세 가격으로 판매하고 있었습니다. 그러는 사이에도 야후 옥션에서는 점점 가격이 올랐습니다. 이 인형은 반드시 수요가 있을 것이라 확신이 들었고, 구매 예약을 했습니다.

다음 날 아침, 사이판에 전화를 걸어 인형 100개를 확보하고 주말에 받으러 갔습니다. 제가 만든 온라인 쇼핑몰에 올리자 예상대로 상당히 많이 팔려 나갔습니다. 그렇게 인형을 받아와서 판매하기를 반복했고, 스무 살의 나이에 '1,000만 원 매출 달성'을 경험할 수 있었습니다.

벤처 회사 사장을 직접 만나다

다음으로 생각한 것은 출판입니다. 혼자서 해외여행을 다녀온 경험을 살려 해외여행 가이드북을 만들어보자고 생각했죠. 대학교 3학년 여름방학 때의 일이었습니다. 일단 행동으로 옮겨 전화부터 걸었습니다. 예상대로 출판사에서는 학생은 채용하지 않는다며 거절했습니다.

열의를 보이고자 편집 프로덕션•이 많은 도쿄로 가기로

• 출판사나 광고 회사 등에서 서적, 잡지 등의 편집 실무를 위탁받는 매스컴 관련 기업.

결정하고, 먼슬리 맨션Monthly Mansion*부터 빌렸습니다. 그다음에 다시 무작정 전화를 걸어 "월급은 필요 없습니다. 무슨 일이든 시켜주세요"라고 부탁했고, 여름방학 동안만이라는 조건으로 일하게 되었습니다. 그러나 끝내 여자가 홀로 해외여행을 하는 이야기는 쓰지 못했습니다. 하지만 난생처음 책의 마지막 페이지에 편집자로서 이름을 올릴 수 있었고, 너무나 벅찬 감동을 느꼈습니다.

그때 모처럼 도쿄에 한 달가량 머물게 되었으니 이 기회를 놓치지 말고 벤처 회사 사장들을 만나러 가보자는 생각이 들었습니다. 내친김에 알아보니 창업자를 찾아가는 버스 투어 프로그램이 있었습니다. 어느 NPO 법인이 대학생을 대상으로 운영하는 것이었죠. 대학에서 제공하는 채용 공고에는 영업직과 사무직밖에 없었지만, 벤처 회사 사장과 만난다면 일의 선택지가 늘어나지 않을까 싶었습니다. 제가 모르는 세계를 만나고 싶었습니다.

저에게 이야기를 들려준 사람은 온라인 쇼핑몰 사장이었

● 한국의 오피스텔과 같은 원룸에 월 단위로 집세를 지불하며 집 내부에 가전, 가구 등이 설비된 임대 맨션.

습니다. 도쿄대학교 출신에 창업 3년 차로서 무척 열정적으로 이야기를 쏟아내는 사람이었는데, "미래를 바꿔나간다"라는 말이 마음에 강하게 와 닿았습니다. 더구나 여성을 위한 온라인 쇼핑몰을 운영하며 30억 원의 연 매출을 올리는 회사였기 때문에 이곳에서 꼭 일해보고 싶다는 욕심이 생겼습니다.

저는 뒷면에 프로필을 적어 넣은 독특한 홀로그램 박 명함을 그 사람에게 건넸습니다. 그 후 면접을 볼 때 직접 만든 온라인 쇼핑몰 사이트 등 지금까지 만들어둔 자료를 가지고 가서 전력을 다해 어필했습니다. 그러자 사장은 "좋아요. 휴학하고 우리 회사에서 일해보지 않겠어요?"라고 제안했습니다. 물론 휴학하고 인턴 사원으로 일할 각오는 하고 있었습니다. 부모님은 깜짝 놀라셨지만, 그대로 대학을 휴학했습니다. 이렇게 해서 대학교 3학년 여름방학부터 반년가량 인턴으로 일하게 되었습니다.

내가 주목한 물건은 어떻게 대히트 상품이 되었을까?

곧바로 점장을 맡아 새로운 온라인 쇼핑몰을 만들게 되었습니다. 그 회사에서는 주얼리나 가방을 취급하고 있었으므로, 우선 어패럴 쪽으로 방향을 정해 웹 디자인, 사이트 구성, 브랜드 콘셉트를 생각했습니다. 사진 찍는 방법을 배우고, 캐치프레이즈를 만드는 법도 공부했습니다. 이때 배운 것들이 지금도 큰 도움이 되고 있습니다. 상품 역시 새로운 것을 찾아보라는 지시가 떨어졌습니다. 하지만 스무 살 여자아이가 혼자서 하기에는 쉽지 않은 일이었습니다.

우선 에비스나 시부야의 백화점에 가보기로 했습니다. 어슬렁거리며 이것저것 둘러보다 우연히 눈에 띈 머플러를 만져보고 이거라면 괜찮겠다 싶어 태그에 나온 정보를 확인한 뒤 바로 문의했습니다. 제조 회사는 군마현 다테바야시시에 있었고, 그곳의 공장에서 생산하는 국산품이었습니다. 게다가 꽤 싼값에 공급해주겠다는 겁니다. 회사로 복귀해 상대 회사의 제안을 사장에게 보고한 뒤 함께 군마현까지 찾아갔습니다. 거래는 무사히 성립되었고, 그 회사에서 사들인 머플러와 스톨*, 판초는 몇만 장이나 팔려나가는 대히트 상품이 되었습니다.

● 좁고 긴 여성용 숄.

온라인 쇼핑몰에서 매달 안정적으로 상품을 파는 비결

이 이야기를 하면 사람들은 흔히 직감이 통한 거냐고 묻지만, 그렇지 않습니다. 그런 감각은 온라인 쇼핑몰을 운영한 경험에서 온 것입니다. 철저하게 파고들다 보면 어떻게 하면 팔릴지가 보이게 됩니다. 지금부터 그 노하우의 일부를 특별히 소개하겠습니다.

온라인 쇼핑몰에서 팔리는 상품은 대개 정해져 있습니다. 사실 판매하는 입장에서 보자면 그다지 예쁘지 않은 물건이 잘 팔립니다. 무슨 이야기인가 하면 고객들은 모양보다는 기능을 중시한다는 말입니다. 예를 들어, 가방이라면 지퍼를 열면 폭이 넓어지거나, 백팩으로 변하는 것 등을 더 선호합니다. 스톨이라면 소매가 있어서 버튼을 달면 판초로 변하는 것을 들 수 있습니다. 이런 식으로 일석이조, 일석삼조의 다양한 스타일링이 가능하고 여러 가지 용도로 사용할 수 있는 상품이 더 잘 팔립니다.

또 아무리 귀여운 가방이라도 가격이 비싸면 온라인에서는 팔리지 않습니다. 온라인에서는 5만 원에서 10만 원 정도의 상품이 가장 많이 팔린다고 합니다. 거기에 더해 데이트

할 때는 이렇게 쓰고, 친구와 쇼핑할 때는 저렇게 쓴다는 식으로 이미지를 쉽게 떠올릴 수 있는 상품이 잘 팔립니다.

사실 이 이미지를 떠올릴 수 있는지가 온라인 세계에서는 매우 중요합니다. 과거에는 기존에 없던 새로운 물건을 만들어 내놓으면 팔렸습니다. 하지만 지금처럼 물건이 넘쳐나는 시대에는 상품에 관한 설명이 없으면 팔리지 않습니다. 더구나 그 상품의 역사까지 자세히 설명해야 하며, 그 표현 방법도 중요합니다. 예를 들어, 종이컵을 판다고 가정했을 때, "이것은 1,000원 균일가의 보통 종이컵입니다"라고 말할 때와 "이것은 프랑스 ○○ 지방의 △△ 종이로 만든 종이컵입니다"라고 말할 때의 가치는 완전히 달라집니다.

인턴으로 일한 회사에서는 어떻게 해야 매달 안정적으로 상품을 팔 수 있는지, 어떻게 해야 억대 매출을 올릴 수 있는지를 알고 싶었습니다. 결국 바라던 대로 다양한 경험을 통해 그런 것들을 배울 수 있었습니다.

그리고 학생 시절부터 창업이나 일하는 방법과 관련해 또래 학생들 앞에서 이야기할 기회가 종종 생겼습니다. 와세다 대학교에서는 200명 정도의 학생들이 모인 강연회가 열렸고, 모교의 학생들과도 제 경험과 생각을 나눌 자리가 만들어졌습니다. 내가 아는 정보를 공유해서 남을 도와주면 나 자신도 행복해진다는 사실을 깨달은 것은 이때부터일지 모릅니다.

유명 블로거에게 도움을 구할 때 필요한 마음가짐

비슷한 시기에 아버지가 이런 말을 해주었습니다. "블로그라는 것이 있는데 방문자 수 1위를 하면 책을 낼 수 있다더구나." 당시는 블로그가 이제 막 유행하기 시작한 시기였습니다. 하지만 그때까지 블로그를 사용해본 적이 없어서 어떻게 해야 하는지 전혀 몰랐습니다. 이럴 때는 실제로 1위에 올라 책을 출간한 사람을 만나보는 것이 가장 좋은 방법입니다. 인터넷에 검색해봤더니, 저와 같은 대학생인데도 책을 출간한 사람(편의상 J씨라고 부르겠습니다)이 있었습니다.

당장 약속을 잡고자 했지만 책을 낸 뒤로 바빠져서 한 달 뒤에나 만날 수 있다고 했습니다. 이런 답변이 돌아온 것은 당연합니다. 누구나 저마다의 사정이 있고, 갑자기 만나고 싶으니 시간을 내어 달라는 부탁을 받았다고 해서 그대로 다

받아들일 필요도 없습니다. 자신에게 아무런 이득이 없기 때문이죠. 일방적으로 정보를 제공해야 한다면 만나고 싶은 생각도 들지 않을 것입니다. 하지만 '이야기를 들어보고 싶다'는 생각이 드는 정보를 가진 상대라면 어떨까요? 아마도 상대방이 어떤 위치에 있는 사람이건 상관없이 시간을 내고 싶어지겠죠. 여기에서 제 강점이 발휘됩니다. 바로 이런저런 일을 하고 있다는 점입니다. 이것은 같은 나라 사람뿐만 아니라 외국인과도 만날 기회가 늘어난 지금도 실감하고 있습니다.

나도 당신과 같은 대학생이고 바이어로 일한다는 등 여러 가지 이야기를 문자 메시지로 주고받는 사이에 J씨는 제게 관심을 가지게 되었고, 급기야 다음 날 만나기로 했습니다. 저는 J씨를 만나고 온 날 블로그를 개설했습니다. 그러자 놀랍게도 개설 당일 1,000명 정도의 사람이 방문했습니다. J씨가 "오늘은 정말 재미있는 대학생 나쓰키 씨를 만났습니다"라고 자신의 블로그에 써준 덕분이었죠. 매일 도전하는 모습을 하나둘씩 꾸준히 블로그에 올리자 점점 팬이 늘어났고, 재미있다고 말해주는 사람도 점점 많아졌습니다.

아이디어만으로 월 매출 2,000만 원에 도전

기획 하나만으로, 그것도 인형을 판매하여 월 1,000만 원을 벌 수 있게 되자, 다음은 2,000만 원에 도전하고 싶어졌습니다. 그렇다고 해서 혼자 마음속으로 목표를 세우는 것만으로는 안 됩니다. 함께할 사람이나 응원해주는 사람이 필요합니다. 그래서 함께할 도전자를 모집했고, 총 7명이 모였습니다. 우리는 저마다의 방법으로 한 달에 매출 2,000만 원을 달성하기 위한 도전을 시작했습니다.

하지만 정작 저는 회사 일로 바빠서 새롭게 도전하는 모임을 만든 지 20일이 지나도록 아무것도 하지 못했습니다. 주변에서는 언제쯤 시작하느냐고 묻기도 했습니다. 남은 10일 동안 무엇을 할 수 있을지 고민한 끝에 우선 책을 만들기로 했습니다. 여대생이 한 달 만에 1,000만 원을 번 방법을 쓰면 팔리지 않을까 싶었습니다. 책을 사면 저와 직접 통화할 수 있는 기회를 제공하기로 하고, 사진이 가득 실린 소책자를 독립 출판 방식으로 만들었습니다. 일단 한 권을 만들어 30만 원에 야후 옥션 사이트에 올렸는데 그야말로 눈 깜짝할 사이에 팔렸습니다. 그래서 12권을 더 만들었습니다. 그것도 순식간에 다 팔려서 정말 깜짝 놀랐습니다. 책을 구매한 사람은 대부분 여성이었습니다. 아마 모두가 저를 응원하는 마음에서 사주셨겠지요. 정말 감사했습니다.

다음으로 한 일은 온라인 쇼핑몰 제작 컨설팅입니다. 이미 온라인 쇼핑몰을 여러 개 만들어본 경험이 있었기에 사진 찍는 방법이나 캐치프레이즈 쓰는 방법 등을 패키지 형태로 묶어 제안했습니다. 이틀간 컨설팅을 해주고 300만 원을 받았습니다.

그 밖에도 알고 지내는 몇몇 사장에게 기획서를 만들어 보냈습니다. 물론 비즈니스를 제안하기에는 아직 미숙한 점이 많았습니다. 그래서 사장의 취미, 고민하는 일, 시간이 없어서 할 수 없는 일을 조사하고, 도움이 될 만한 아이디어를 제안했습니다. 예를 들어, 사업에는 유능하지만 늘 똑같은 옷만 입는 사장에게는 패션 감각을 높여주는 자료를 만들어 "이런 옷을 사보면 어떨까요?"라고 권하는 식입니다.

또 웨이트 트레이닝이 취미인 사장에게는 효과적인 웨이트 트레이닝 방법을 제안했습니다. 사실 저는 웨이트 트레이닝에 대해서는 잘 모르는데, 그럴 때는 그 분야의 최고 전문가에게 묻는 것이 가장 좋습니다. 당시 최고라는 평판을 듣던 대학의 웨이트 트레이닝 동아리에 전화를 걸어 물어보니, 어떤 단백질 보충제를 먹어야 하는지부터 여러 정보를 흔쾌히 가르쳐주었습니다. 그것을 A4 용지 몇 장에 정리해서 발표했고, 사장은 그 자료를 30만 원에 사주었습니다. 내용보다는 저의 행동력을 높이 사주었다고 생각합니다.

사장의 입장에서 생각해보면, 스무 살 아이가 나를 위해 뭔가를 열심히 알아봐준다면 어떻게든 고마움을 표시하고 싶을 것입니다. 그때의 사장들도 아마 그런 마음이었겠지요. 그 증거로 "언젠가 꼭 자네 같은 젊은이가 찾아간다면, 그때는 자네가 나처럼 해주길 바라네"라고 말하는 분들이 있었습니다.

또 집 근처에 인기 작가가 산다는 소문을 듣고 곧바로 찾아갔습니다. 기획서를 보여주고 도움을 요청했더니, 고장 난 멋진 시계와 양말 한 짝, 그리고 사인이 들어간 사진 한 장을 주었습니다. 그 물건들은 모두 야후 옥션 사이트를 통해 판매했습니다.

그 밖에도 쓰지 않는 명품 가방 등 여러 사람에게 다양한 물건을 받았습니다. 그러나 '한 달 매출 2,000만 원 달성'이라는 목표는 이루지 못했습니다. 다만 아무리 바쁘더라도 사람은 절박해지면 고작 10일 만에 이만큼은 해낼 수 있다는 사실을 깨달았습니다. 여기서 핵심은 열의와 행동력, 그리고 기한을 정해 도전하는 것입니다.

돈 버는 이야기가 나오면 자신과는 거리가 먼 일이라고 말하는 사람이 있습니다. 하지만 진심으로 해보자고 나서면 자기 안에서 제공할 수 있는 무언가를 전력으로 끄집어낼 수 있는 법입니다. 저 같은 경우에는 인터넷 관련 지식이나 프레젠테이션 능력이었습니다. 이런 것들이 아니더라도 주변 사람을 위해 해줄 수 있는 무언가를 찾아내서 제공하는 일은 누구나 가능하다고 생각합니다. '상대방에게 필요한 것이 무엇인지 알아내고, 조사해서, 제공한다.' 바로 그런 감각이 영업력이나 돈 버는 능력을 키워줍니다.

포도를 따러 캐나다로 떠나다

온라인 쇼핑몰 회사에서 인턴으로 일할 때 같이 근무하던 한 살 위 선배가 이런 말을 했습니다. "그 회사 사장님도 열정적이었지만, 리크루트 회사에서 일하는 사람들의 열정은 더 대단한 것 같아." 그런 선배의 권유도 있어서 저는 리크루트 회사에 도전해보기로 했습니다. 우선은 인턴십에 지원했습니다. 필기시험은 연필을 굴려가며 치렀기 때문에 완전히 망쳤지만, 같은 날에 면접도 있었습니다. 면접이라면 다른 여느 대학생보다 제 강점을 어필하기 쉽다고 생각했습니다. 그리고 결국 네다섯 번의 면접을 치르고 나서 합격했습니다. 그런데 다니던 대학 측에 문의했더니 한 학기를 휴학했기 때문에 가을 학기에 졸업이 가능하다고 했습니다. 그렇다면 입사 시기를 가을로 늦출 수밖에 없습니다. 졸업에 필요한 학점은 이미 다 따놓은 상태여서 어차피 학교에 가도 할 일이 없었습니다. 회사에서는 4월부터 와주길 바랐기 때문에 당장이라도 갈 수 있었지만, 졸업장을 받기 전에는 아르바이트생 신분으로 일해야 해서 어떻게 하면 좋을지 고민이 깊어졌습니다.

그러다가 어떤 꿈을 꾸었습니다. 외국인과 함께 밭에서 포도를 따는 꿈이었습니다. '어쩌면 외국인과 결혼하게 될지도 몰라. 아니면 전생의 나일지도 모르지.' 그런 생각이 들자 그 꿈이 시키는 대로 행동하기로 마음먹었습니다. 인사부 직원에게 말하자, "한 번 더 잘 생각해보세요"라며 난감한 표정을 지었습니다. 보통은 이쯤에서 "역시 안 되겠죠?" 하며 물러나겠죠. 하지만 지금 안 가면 반드시 후회할 것 같아서 다시 간절하게 부탁했습니다. 그리고 다녀와도 좋다는 답변을 받았습니다. 결국 예정대로 가을에 입사하기로 했습니다.

포도를 따러 갈 거라고 말한 이상 어쨌든 안 갈 수도 없었습니다. 처음에는 프랑스에 가려고 했지만 예전에 그곳에서 식중독으로 고생한 기억이 되살아나 포기했습니다. 그다음으로 떠올린 곳이 프랑스어와 영어가 모두 통하는 캐나다입니다. 캐나다에 와이너리(포도주 양조장)가 있는지 없는지도 모르는 채 무작정 밴쿠버로 향했습니다.

그렇게 도착한 밴쿠버는 와이너리와 아무런 인연이 없는 대도시였습니다. 처음 3개월은 홈스테이하는 집을 여기저기 옮겨 다니고 어학원에 다니느라 와이너리에 관한 정보도 얻지 못하고, 인맥도 쌓지 못한 채 흘려보내고 말았습니다.

앞으로 남은 기간 역시 3개월. 분발하자고 다짐하며 열심히 인터넷을 뒤지다가 와인 평론을 하는 사람을 발견했습니다. 캐나다에 사는 일본인이었습니다. 이 사람밖에 없다는 생각에 당장 연락해봤는데, 알고 보니 아주 가까운 곳에 살고 있었습니다. 말 그대로 운명처럼 느껴졌습니다.

그녀는 흔쾌히 도와주겠다고 약속했고, 일주일쯤 지나 "나쓰키 씨를 받아주겠다는 와이너리를 찾았어요. 바로 연락해주세요"라는 메시지를 보내왔습니다. 밴쿠버는 캐나다의 서쪽 끝, 와이너리가 있는 곳은 밴쿠버에서 동쪽으로 약 2시간 정도 떨어진 거리에 있는 애버츠퍼드라는 지역입니다. 바로 야간 버스를 타고 그곳으로 향했습니다. 도착하자 눈앞에 끝없는 들판이 펼쳐졌습니다. 그곳은 '어쩌다 이런 곳까지 오게 됐을까' 하고 후회할 만큼 낙후된 시골 마을이었습니다.

언제나 등을 떠밀어주는 엄마, 전 세계를 누비는 아빠의 모습에 용기를 얻다

여기서 제 부모님 이야기를 조금만 하겠습니다. 여러 가지 일을 하는 저는 "부모님은 나쓰키 씨를 어떻게 키우셨나요?"라는 질문을 종종 받습니다. 한마디로 말하자면 엄마는 언제

나 제 등을 떠밀어주는 사람이었습니다. 제가 처음으로 혼자서 해외에 나간다고 했을 때, 엄마는 위험해서 안 된다고 반대하지 않았습니다. 오히려 "무슨 일이 일어나면 나는 거지. 일본에 있든 어디에 있든 일어날 일은 일어나는 법이야. 그러니까 네가 하고 싶은 대로 마음껏 해봐"라며 웃는 얼굴로 보내주었습니다.

엄마는 제가 무슨 일을 하든 함께 논의해주었습니다. 어릴 때부터 무언가를 하고 싶다고 말하면 어떤 일이든 한 번도 반대한 적이 없습니다. 어떤 아이디어를 내든 "정말 멋지다! 엄마도 해보고 싶어!"라며 늘 응원해주었습니다. 그리고 일이 잘 안 풀리더라도 "괜찮아! 분명히 잘될 거야"라고 격려해줍니다. 누군가와 싸웠을 때도, 반항기였을 때도, 똑같이 진지하게 상담해주었습니다.

무조건 나를 믿어주고, 안심시켜주는 존재가 가까이에 있었기에 새로운 도전을 망설이지 않게 되었습니다. 지금은 어떤 일을 하든 두렵지 않습니다. "괜찮아! 하고 싶은 일이라면 얼마든지 마음껏 해봐!" 엄마의 이 한마디 덕분에 자유롭게 무엇이든 할 수 있다는 자세가 몸에 배었습니다. 이번에 와이너리에 가기로 한 결정도 그렇습니다. 낯선 곳이 전혀 두렵지 않다고 말한다면 거짓말이겠지요. 하지만 엄마가 입버릇처럼 하던 "무슨 일이 일어나면 나는 거지"라는 말에 힘을 얻어 앞으로 나아갈 수 있었습니다.

건축가인 아빠는 제가 유치원에 다니던 무렵에 창업하셨습니다. 많은 사람 앞에서 강연하는 모습을 보며 언젠가 나도 사람들 앞에서 아빠처럼 말할 수 있는 사람이 되고 싶다며 어린 마음에도 멋있다고 감탄했던 일을 아직도 기억합니다. 50대에 접어들어서는 외국과 일본을 거점으로 세계 유산이나 건물을 전부 둘러보겠다는 꿈을 갖고 전 세계를 누비고 있습니다. 지금도 둘이서 해외로 여행을 떠나곤 합니다. 이렇게 아빠처럼 나이가 들어서도 자신이 살고 싶은 방식대로 거리낌 없이 살아간다는 건 정말 멋지다고 생각합니다.

와이너리에서 만난 새로운 삶의 방식

그렇게 해서 저의 와이너리 생활이 시작되었습니다. 영어를 잘하지 못하는 저는 와인을 판매하는 일은 할 수가 없었습니다. 할 수 있는 일이라고는 비닐하우스 안에서 지렁이와 씨

름하며 오로지 포도 모종을 심는 것뿐이었습니다. 하지만 이곳에서 저는 새로운 삶의 방식을 알게 되었습니다.

일본에서는 벤처 회사 사장이라고 하면 침낭에서 쪽잠을 자며 밤낮과 휴일을 가리지 않고 일하는 모습만 봐왔습니다. 반면 40대에 와이너리 운영의 꿈을 이룬 주인 부부는 인생을 멋지게 즐기고 있었습니다. 자신들의 손으로 집을 짓고 일군 밭을 바라보며 직접 만든 와인을 마시고 맛있는 음식을 먹는 그들의 모습을 보며, 그저 살아가기 위해 일하는 것이 아니라 자신이 좋아하는 일을 하며 즐겁게 살아가는 인생도 있음을 깨달았습니다. 그야말로 인생관이 바뀌는 느낌이었습니다.

매일매일이 새롭고 무척 즐거웠지만, 그 생활은 길게 이어지지 않았습니다. 가볍게 앓고 지나갈 줄 알았던 감기가 얼마 지나지 않아 기침과 콧물 증상이 심해졌고 급기야 열도 나기 시작했습니다. 원인은 그곳에서 기르는 고양이었습니다. 알고 보니 저에게 고양이 알레르기가 있었던 것입니다. 증상이 점점 심해져 도저히 일을 할 수 없는 상태가 되었고, 두 달을 채우지 못하고 밴쿠버로 돌아왔습니다. 짧은 기간이었지만 결코 잊지 못할 추억으로 남았습니다.

2가지 꿈을 이루다

밴쿠버로 돌아온 제게는 앞으로 남은 시간 동안 이루고 싶은 꿈이 2가지 있었습니다. 하나는 '고급 아파트에서 살아보기' 입니다. 밴쿠버 해안가에는 거의 빈손으로 여행을 온 저 같은 사람은 들어갈 엄두도 못 낼 고급 고층 아파트가 줄지어 서 있었습니다.

　어느 날, 스탠리 공원을 산책하다가 사진을 찍고 있는 일본인을 만났는데, 캐나다인과 결혼해 줄곧 이곳에서 살고 있다고 했습니다. 일본인이어서 그런지 어딘가 마음이 통하는 듯했습니다. 나중에는 홈 파티에도 초대받았는데, 그곳은 제가 동경하던 고급 아파트였습니다. 게다가 손님 중에는 연예인도 있었습니다. 그제야 비로소 그 일본인이 아주 유명한 사진작가라는 사실을 알게 되었습니다. 바다가 한눈에 들어오는 우아한 방, 지금까지 보아온 것들 중 단연 최고로 꼽을 만한 멋진 아파트였습니다. "드디어 이런 곳에 와봤네." 그렇게 감동하는 사이에 그 가족이 거짓말 같은 이야기를 꺼냈습니다. "방이 하나 비어 있어요. 나쓰키 씨만 괜찮다면 여기서 지내도 좋아요." 이렇게 해서 꿈에 그리던 호화로운 생활이 시작되었습니다.

그런데 사람이란 참 이상합니다. 시간이 흐르자 맛있는 음식을 먹고 홈 파티를 하는 것보다 또 하나의 꿈을 이루기 위해 움직이고 싶어졌습니다. 그 꿈은 미국 여행입니다. 모처럼 캐나다에 왔으니까 미국·캐나다 일주를 하고 싶어졌고, 인터넷을 뒤지자 마침 같은 생각을 하는 사람들이 있었습니다. 그렇게 해서 만난 남자 한 명과 여자 네 명은 모두가 초면인데도 금세 의기투합해서 중고 밴을 100만 원에 사들여 '카car 군'이라는 이름까지 붙였습니다. 우리는 '카 군'을 타고 캠핑을 하며 미국과 캐나다의 국립공원을 둘러보기로 했습니다.

그랜드 캐니언까지 돌아본 뒤 저는 혼자 비행기를 타고 뉴욕으로 갔습니다. 오케스트라 연주를 듣거나 인터넷을 통해 알게 된 친구들을 만나기도 하면서 일주일간 뉴욕 생활을 즐겼습니다. 그중에서도 롱아일랜드의 와이너리 투어가 가장 즐거웠습니다. 롱아일랜드에는 100여 개의 와이너리가 있는데, 그중 몇 곳을 찾아다녔습니다. 와이너리에서는 준비한 음식을 각자 하나씩 고른 뒤, 와인 시음에 들어갑니다. 마음에 드는 와인을 선택하면 포도밭으로 이동합니다. 와이너리에는 대개 테이블이 비치되어 있어서 포도밭을 바라보며 와인을 마실 수 있습니다. 게다가 여행 시즌에는 재즈 라이브 연주도 들을 수 있습니다. 그렇게 모두가 함께 이야기를 나누며 맛있는 와인과 음식을 즐겼습니다. 그렇게 한 병을 비우면 다음 와이너리를 향해 출발합니다. 최고로 즐거웠습니다.

그저 살아가기 위해 일하는 것이 아니라 자연과 어울려 원하는 일을 하며 여유롭게 살아간다. 이토록 멋지게 인생을 즐기는 방법이 있다니. 꿈이 시키는 대로 포도를 따러 갔던 저는 일이 전부가 아닌 삶이 있음을 깨달았습니다. 지금까지 몰랐던 인생을 즐기는 방법, 인생을 살아가는 방법을 알게 된 것입니다. 그 밖에도 미야코섬에서 한 달간 살아보기 등 하고 싶었던 일들을 모두 해보면서 대학 시절을 보냈습니다. 그리고 그때의 경험들이 지금의 저를 만들었습니다.

위 대학 시절 독립 출판으로 제작한 책 『여대생도 할 수 있나! 바이어로 월 1,000만 원!』
가운데, 아래 인터넷을 통해 만난 친구들과 떠난 미국·캐나다 여행

위 캐나다의 와이너리에서 팜 스테이(오른쪽이 저자)
가운데 포도밭에서 일하기 위해 작업복을 입은 모습
아래 비닐하우스에서 끝없는 포도 모종 심기 작업을 하다

백만장자 신데렐라 레슨

나에게 일이란 무엇인지를 깨닫게 해준 소중한 경험

즐거웠던 해외 생활을 마치고 국내로 돌아와 리크루트 회사에 입사했습니다. 제가 배속된 부서는 통판사업부였는데, 곧바로 두 개의 신규 사업 업무를 담당하게 되었습니다. 무척 보람 있는 일이었지만, 익숙하지 않은 업무여서 눈이 핑핑 돌 정도로 바빴습니다. 그리고 한밤중에 패밀리 레스토랑에서 홀로 저녁을 먹는 나날이 이어졌습니다.

집에 돌아와서 눈을 감으면 금방 또 아침이 되고, 출근을 서두릅니다. "꿈이 뭐야?" 그런 말을 입버릇처럼 했었지만, 어느새 꿈 이야기 같은 건 하지 않게 되었습니다. 점심 먹을 여유도 없을 정도로 바빠서, 시간에 쫓기지 않고 친구들과 느긋하게 점심을 먹는 소소한 일이 꿈이 되어버렸습니다.

발 디딜 틈 없이 빽빽하게 사람들로 가득 찬 만원 전철에 지친 몸을 싣는 직장인들. 밤이 되면 모두가 눈이 반쯤 감긴 채 피로에 찌든 모습이었습니다. 그렇게 되기는 싫었지만, 어느샌가 저도 똑같은 얼굴을 하고 있었을지 모릅니다. 예전에 책을 읽고 만들었던 '이루고 싶은 꿈 100가지 리스트'를 바라보며 우는 날도 많았습니다. 아무것도 이룬 것이 없는데 시간만 자꾸 흘렀습니다.

애써 스스로를 달래가며 그런 생활을 이어갔지만, 주어진 상황에 적응하려고 너무 열심히 한 탓에 저도 모르는 사이에 몸이 망가지고 말았습니다. 지금은 그렇게까지 무리하지 않아도 된다는 것을 알지만, 당시에는 그런 생각조차 할 수 없을 만큼 일에 쫓겼습니다. 몸도 마음도 한계에 다다랐던 것입니다.

결국 리크루트 회사에서 일한 기간은 1년이 채 안 되었습니다. 힘든 일도 많았지만, 깨달은 점도 배운 점도 많았습니다. 나에게 일이란 무엇인지를 명확히 알게 되었고, 대기업 직원으로서 일하는 귀중한 체험을 할 수 있었던 것에 대해서는 지금도 무척 감사하게 생각합니다.

에스테틱 숍 오너가 되다

그즈음 엄마의 권유로 쑥 찜질 전문 에스테틱 숍을 방문했습니다. 찜질을 하고 나서 몸이 아주 가뿐해진 느낌이라고 말하자 엄마는 뭔가 생각이 떠올랐는지 당장 기구를 사들여 에스테틱 숍을 시작했습니다. 본가에 돌아갔더니 제 방이 쑥 찜질과 속눈썹 연장 시술을 전문으로 하는 에스테틱 숍으로 바뀌어 있었습니다. 변호사인 엄마는 처음에는 틈틈이 부업 삼아 할 심산이었는데, 얼마 지나지 않아 본업보다 바빠지면서 저까지 일손을 돕게 되었습니다.

그 전까지 우리 집은 사람들이 드나드는 일이 거의 없었습니다. 집에 친구를 데리고 오려면 한 달 전에 엄마한테 미리 말해야 했을 정도니까요. 그런데 문득 정신을 차리고 보니, 너무나도 충격적이어서 꿈에 나올 정도였던 그 붙임성 좋은 미국인의 집처럼 변해 있었습니다. 예전 같으면 상상도 못 할 일이었습니다. 에스테틱 숍을 시작하면서 엄마는 백팔십 도 달라졌습니다. 사람은 자기가 좋아하는 일을 하면 얼마든지 바뀔 수 있다는 것을 처음으로 제게 가르쳐준 사람은 엄마였습니다. 그리고 이것은 제가 운영하는 해피 신데렐라 클럽(자세한 내용은 66~67쪽 참조)의 출발점이기도 합니다.

그런 식으로 1년가량 엄마와 둘이서 운영했습니다. 그러다가 고객이 늘어나면서 따로 건물을 빌려 혼자서 에스테틱 숍을 시작했습니다. 이것이 1호점입니다. 엄마와 함께 운영할 때는 블로그를 통해 손님을 모았지만, 이때부터는 블로그에 의존하지 않고 고객을 끌어당기는 방법을 모색하기 시작했습니다. 50대 이상의 고객들은 언젠가 자신이 오너가 되고 싶어 하는 경우가 많았는데, 그중에는 블로그를 사용할 줄 모르는 사람도 있었습니다. 그런 사람들이 참고할 수 있도록 하루에 500장씩 우편함에 홍보물을 넣거나 지역 생활정보지에 광고를 싣기도 하고, 여러 가게 앞에 전단을 두는 등 다양한 형태로 홍보 활동을 펼쳤습니다. 결과는 대성공이었고, 이내 저의 가게는 고객들로 북적이게 되었습니다.

지금까지 해온 방식에 안주하지 않고 새로운 것을 시도해보고 검증해서 데이터를 축적하는 과정을 계속 반복해나가면 반드시 좋은 결과가 나타납니다. 그 가게는 영업이 아주 잘돼서 1년 만에 다른 사람에게 넘겨주고, 그다음에는 요코하마에 2호점을 냈습니다. 2호점 역시 크게 성공해 다시 다른 사람에게 양도하고, 연이어 3호점을 열게 되었습니다.

3호점은 꿈에 그리던 독채 건물이었습니다. 건물 하나를 통째로 사용하기로 한 거죠. 효고현의 조용한 마을에 우아하게 서 있는 건물을 발견하고서 망설임 없이 결정했습니다. 한적한 시골길에는 채소 무인 판매소도 있었습니다. 저는 일에만 매달려 지내기 일쑤여서 주변에 걱정을 끼치곤 했는데, 신선한 채소를 꾸준히 먹으면서 역시 식생활이 중요하다는 것을 깨달았습니다.

여기서 다시 '뭐든 한번 시작하면 끝을 보는 성격'이 발휘됩니다. 로푸드Raw Food* 관련 자격과 거기에 카페 관련 자격까지 취득해서 카페 겸 에스테틱 숍 형태로 1년가량 가게를 운영했습니다. 이때쯤부터 하와이에 타임 셰어** 별장을 구입하거나 라디오 프로그램에 출연하는 등 이루고자 했던 큰 목표를 잇달아 달성하게 되었습니다.

독립한 지 6년이 지나 제가 29살이 되던 해에는 오사카 난바에 그다음 매장을 열었습니다. 그동안 저는 제 가게뿐만 아니라 에스테틱 숍이나 취미 교실 개업을 목표로 하는 사람들을 위해 60개 이상 점포의 개점을 지원해왔습니다. 온라인과 오프라인, 양쪽의 경험을 살려 브랜드 콘셉트 설정, 가게 이름, 메뉴 제작 및 판매 방법, 실내 인테리어, 가구 배치 등 다양한 제안과 지도를 해온 것이죠.

● 열로 조리하지 않은 생식.
●● 리조트나 호텔 등 숙박 시설을 1년에 일주일 단위로 소유하는 개념.

내 가게를 갖는다는 건 너무나 신나고 설레는 일입니다. 그것은 주부에게는 마치 '보물 상자'와도 같습니다. "집에 있어도 편하지가 않았어요. 나답게 있을 수 있는 장소가 생겨서 얼마나 가슴이 뛰는지 몰라요." 그들이 좋아하는 모습을 보면 저 또한 무척 기쁩니다. 일방적으로 가르치는 것이 아니라 함께 생각하고 만들어가는 즐거운 시간입니다. 그렇게 해서 만들어진 가게가 좋은 평가를 받고 승승장구해서 성공하면 기쁨도 배가 됩니다.

노트북 한 대만 가지고 매달 전 세계를 누비고 싶다!

29살의 어느 날 다시 꿈 지도를 꺼내 보았습니다. 이미 이룬 꿈도 많았지만, 가보고 싶은 나라도 여전히 많았습니다. 물론 가게 일은 즐거웠습니다. 하지만 인생은 단 한 번뿐이고, 하고 싶은 것을 하지 못한 채 이대로 일만 한다면 틀림없이 후회할 것 같았습니다. "해외에 나가 있더라도 할 수 있는 일이 없을까?" 이런 고민을 하기 시작했습니다.

처음에는 미국에서 작은 쑥 찜질 숍을 열어볼까도 생각했지만, 약사법 때문에 허브를 해외로 반출하기가 어려웠습니

위 독채 건물에 문을 연 에스테틱 숍
왼쪽 아래 카리브해 크루즈 여행
오른쪽 아래 하와이 별장에서 열린 축하 행사

다. 그래서 다음으로 생각한 것이 네일 케어입니다. 일본에서 네일 숍도 운영하고 있으니 미국에서도 가능하지 않을까 싶었던 거죠. 일단 조사차 베벌리힐스로 떠났습니다. 하지만 미국은 네일 케어의 종주국으로 불리는 만큼 매장 수가 엄청나게 많은 데다 기술도 좋아서 경영이 잘될지는 미지수였습니다. 그래서 네일 케어도 포기했습니다.

그렇게 되면 남은 것은 역시 컴퓨터밖에 없었습니다. 더구나 노트북이라면 에스테틱 기구처럼 운반하는 데 몇천만 원씩 들지도 않고, 어디든 간편하게 가지고 다닐 수 있습니다. 다만 노트북 한 대로 일을 시작하려 해도 그것이 무엇인지, 어떤 일을 할 수 있는지 저도 잘 알지 못했습니다.

온라인 쇼핑몰, 옥션*, 어필리에이트**. 이 3가지가 후보로 떠올랐는데, 지금까지의 경험에 따라 온라인 쇼핑몰은 후보에서 제외했습니다. 디자인, 사진 촬영, 고객 응대, 배송 등에 최소한 20명은 필요하고, 회사를 따로 만들지 않으면 운영도

● 개인과 사업자가 인터넷 사이트에서 경매 형식으로 개인의 소장품, 중고품이나 신제품 및 재고 상품을 거래하는 구조.

●● 제휴 개념으로, 자신의 블로그, 홈페이지, SNS 등 온라인 미디어에 광고 배너나 링크를 올리고, 링크를 통해 물건이 판매되면 수익이 떨어지는 구조.

불가능하기 때문입니다.

토베 얀손의 소설 『무민』의 스너프킨처럼 유유자적 여행을 즐기면서도, 한 해에 10억 원씩 수익을 올리기란 정말 꿈같은 이야기입니다. 무엇보다 온라인 쇼핑몰 운영은 상당히 힘든 일입니다. 매일 상품 페이지를 업데이트하지 않으면 팔리지 않습니다. 또한 옥션은 일회성 거래이므로 안정적인 매출을 확보하기 어렵습니다. 그 외에 여러 가지 방법이 있지만, 세세하게 신경을 써야 하는 작업이 필요해서 좀처럼 감이 잡히지 않았습니다. 어필리에이트 또한 수익 전망이 불투명해서 선뜻 내키지 않았습니다.

짧은 기간에 폭발적으로 상품을 파는 마케팅의 세계

저는 몇 년 전부터 가보고 싶은 나라를 매달 수첩에 적으며 미래의 연간 스케줄을 만들고 있습니다. '매달 해외로 떠나고 싶다'는 생각에서 시작했는데, 그 스케줄대로 떠난 여행지에서 도저히 상상도 하지 못한 일을 겪었습니다.

저는 아빠와 단둘이 필리핀과 베트남을 여행하고 있었습니다. 새벽 2시, 세부섬의 어떤 바에서 우연히 일본인 남성의

옆자리에 앉게 되었습니다. 주변의 몇몇 사람들과 대화를 나누던 중 '설마, 혹시?' 하는 생각이 들기 시작했습니다. 제게 늘 여러 가지 조언을 해주는 분이 계셨는데 사흘 전에 "가와시마라는 사람이 있는데, 전 세계를 여행하며 메일 매거진을 발행해서 돈을 번다는구나. 나쓰키에게도 그런 삶이 맞지 않을까?"라는 이야기를 해주었습니다.

그런데 제 앞에 앉은 사람이 "그거 아세요? 이 사람, 일본에서 메일 매거진 구독자 수가 가장 많은 사람이에요"라고 알려주었습니다. 바로 그 남성이 세계를 여행하는 연 수입 10억 원의 블로거 가와시마 가즈마사 씨였습니다. 평소에는 홍콩에서 지내는 가와시마 씨를 세부섬에서 만나다니, 정말 운이 좋았습니다. 이번에도 여행을 하면서 창업자들을 만나보자는 생각에 창업자 커뮤니티를 방문했고, 그곳에서 소개에 소개를 거쳐 만난 사람이 "오늘 밤에 파티가 있으니까 괜찮으시면 오세요"라고 초대해주었습니다. 그리고 우여곡절 끝에 그곳에 찾아가 뜻밖에도 가와시마 씨를 만나게 된 것입니다.

저는 가와시마 씨를 직접 만나 이야기를 듣고 나서 메일 매거진에 대해 공부하기 시작했습니다. 1년간 여러 정보를 끌어모으고 다양한 사람들을 만나러 다녔습니다. 여기서도 제 특유의 행동력이 발휘되었습니다. 7년 사이에 제 주변에는 에스테틱 관련 인맥만 남아 있었기에 일단은 인맥 만들기가 우선이었고, 파티에 참여하거나 소개를 받으면서 인맥을 점차 넓혀나갔습니다.

어느 날, 카페에서 어떤 분과 커피를 마시고 있을 때의 일입니다. 커피를 마시는 사이에 메일 매거진으로 70억 원을 벌어들이는 터무니없는 장면을 목격했습니다. 일본의 평범한 직장인이 평생 일해서 버는 돈이 대략 20억 원이라고 하는데, 그분은 커피를 마시면서 그것도 순식간에 70억 원을 번 것입니다. 그때 예전에 만원 전철 안에서 보았던 지칠 대로 지친 아저씨들의 얼굴이 떠올랐습니다. '커피를 마시면서 70억을 벌다니, 이런 세계가 다 있구나' 하고 깜짝 놀랐습니다. 그리고 이처럼 단기간에 폭발적으로 상품을 파는 마케팅 방법에 대해 좀 더 제대로 배우고 싶어졌습니다.

'부자는 ○○이 일하고, 가난한 사람은 ○○이 일한다'

바로 그때 제가 동경하는 '돈', '시간', '장소' 이 3가지 자유를 손에 넣은 대부호가 해외에 있다는 이야기를 들었습니다. 그를 만나보지 않으면 그 비결을 알 수 없겠다는 생각에 당장 대부호가 있는 곳으로 향했습니다.

그리고 먼저 제자로 받아 달라고 부탁했습니다. "배우고 싶어서 찾아왔습니다." 무언가를 배우기 위해서는 상대에게 자신이 할 수 있는 무언가를 제공해야만 합니다. 무작정 공짜로 해 달라고 하면 상대방이 좋게 생각할 리 없습니다. 그렇다고 해도 할 수 있는 일은 사실 별게 없습니다. 그래서 일단 청소를 열심히 하기로 했습니다. 주먹밥도 잔뜩 만들었습니다. 하지만 그는 아무것도 가르쳐주지 않았습니다. 골프를 칠 때나 에스테틱 숍에 갈 때는 데리고 가주었지만, 중요한 이야기는 전혀 해주지 않았습니다.

나흘밖에 시간이 없는데 벌써 사흘이 지나버렸습니다. 그리고 차를 몰아 어디론가 가고 있을 때, 갑자기 이야기가 시작되었습니다.

"부와 가난, 어느 쪽이 좋나요?"

"당연히 부유한 쪽이 좋지요."

저의 대답을 들은 대부호는 다음과 같은 이야기를 들려주었습니다.

"그러면 부자와 가난한 사람의 차이를 알려줄게요. 부자는 ○○이 일하고, 가난한 사람은 ○○이 일합니다. 여기에 들어갈 말이 뭔지 알겠어요? 부자는 '돈'이 일하고, 가난한 사람은 '자신'이 일합니다. 부자가 되고 싶다면, 돈이 자기 대신 일하게 해야 합니다."

시간과 인생을 떼어서 팔고 돈을 얻는다, 그때까지 저는 이것이 일하는 것이라고 생각했습니다. 실제로 벤처 기업의 사장들은 침낭에서 쪽잠을 자가며 일할 정도로 바쁘고, 와이너리에서 만난 사람들은 우아한 생활을 누리지만 일단 오후 5시까지는 힘들게 일을 합니다. 하지만 부자들은 돈이 일하게 하는 시스템을 만들어둔 덕분에 일을 하지 않아도 됩니다.

에스테틱 숍 일에만 모든 시간을 바쳐온 사이에 이렇게 세상이 바뀌었나 싶어 놀랐습니다. 돈을 벌기 위해 내가 죽을 힘을 다해 애쓸 필요가 없다니. 그 순간 눈이 확 트이는 기분이 들었습니다. 실제로 대부호는 웃으면서 텔레비전을 보다가 골프장이나 에스테틱 숍에 가족이나 저를 데리고 가는 것으로 하루를 마쳤습니다. 다음 날도 마찬가지였습니다. 일하는 모습은 단 한 번도 볼 수 없었습니다. 게다가 가족끼리 사이까지 좋으니 더할 나위가 없습니다.

돈도 많고, 집도 크고, 가족도 화목하니, 그야말로 가족 모두가 행복한 부자입니다. 너무나 행복해 보여서 세상에 이래도 되나 싶을 정도였습니다. 다만 이런 생활은 40살이 넘어서야 손에 넣을 수 있었고, 돈이 일하게 하는 시스템을 만들기까지 죽을 만큼 힘든 시간을 보냈다고 합니다.

저는 가와시마 씨나 대부호를 보며 내가 좋아하는 일, 내가 하고 싶은 일, 내가 잘하는 일을 하며 풍요롭게 살자고 마음먹었습니다. 그런 생각에서 시작한 것이 해피 신데렐라 클럽입니다. 그리고 이것은 세계를 무대로 이벤트, 파티, 투어, 강좌 등을 기획·개최하는 회원제 커뮤니티가 되었습니다.

사람은 비일상에 몸을 맡기고 미지의 세계를 체험하면 가슴이 벅차오르는 고양감에 휩싸이게 됩니다. 이 감정과 감각이 오랫동안 굳어진 부정적인 생각이나 자기 앞을 가로막고 있던 장애물과 제약을 허무는 큰 원동력이 됩니다. 이러한 환경에서 마음속에 그리는 꿈은 말 그대로 기적을 현실로 만드는 힘을 끌어냅니다. '세계 부호들에게 배운 백만장자의 마음가짐과 내가 쌓아온 경험과 지식을 커뮤니티 회원들에게 공유하고 전달할 수 있다면……' 이런 생각이 들자 두근거리고 설레는 마음을 주체할 수 없었습니다.

지금은 해마다 몇 차례씩 해외 투어나 도쿄·오사카의 호텔에서 파티 이벤트를 개최하는데, 회원들의 아이디어를 비즈니스로 연결시키는 컨설팅 등을 중심으로 SNS 브랜딩에 필요한 노하우를 전수하는 강좌, 돈에게 사랑받는 법을 알려주는 머니 강좌, 홈페이지나 페이스북을 통한 회원 간의 교류 등 프로그램 내용도 더욱 충실해졌습니다. 제가 마음속에 그려온 꿈이 경영·비즈니스 모델로 성장한 것입니다.

그 밖에도 일하지 않아도 24시간 돈이 들어오는 비즈니스 시스템을 구축·자동화해서 지금은 7개의 수입원을 갖게 되었습니다(자세한 내용은 75쪽 참조). 그 결과 제 삶이 풍요로워졌을 뿐만 아니라 회원들 역시 자기 인생의 주인공으로 살아가는 신데렐라로 변신하고 있습니다. 이렇게 성장하는 회원들을 모습을 보는 것도 제게는 큰 기쁨입니다.

2장

최고의 신데렐라가
되어보시겠습니까?

이상적인 생활 양식을 위한 확고한 비전 만드는 법

최고의 신데렐라가
되어보시겠습니까?

내 인생의 주인공으로 살아가는 신데렐라란?

그러면 이제 자기 인생의 주인공으로 살아가는 신데렐라에 대해 이야기해보겠습니다. 비즈니스 중심이라 조금 어렵게 느껴지더라도 차근차근 따라와주시길 바랍니다. 이 책에서 제가 말하는 '신데렐라'는 '돈', '시간', '장소', 이 3가지 자유를 손에 넣어 자립함으로써 더 빛나는 여성을 뜻합니다.

　'돈의 자유'란 돈에 끌려다니지 않고 돈에게 사랑받으며 하고 싶은 일을 모두 할 수 있는 것, '시간의 자유'란 언제든 원하는 일을 할 수 있는 것, '장소의 자유'란 문득 생각났을 때 전 세계 어디든 자유롭게 갈 수 있는 것을 말합니다. 이러한 자유를 손에 넣으면 세계 어느 곳에 가더라도 일할 수 있고, 마음속으로 그린 꿈과 목표를 현실에서 이루어내며 살아갈 수 있습니다. 정말 멋진 일이지 않나요?

실제로 제가 운영하는 해피 신데렐라 클럽에서는 월 매출 1,000만 원을 달성하거나, 수입이 배로 늘어나거나, 타인에게 동경의 대상이 된 사람들이 잇따라 탄생하고 있습니다. 돈과 좋은 관계를 맺고 돈에게 사랑받는 백만장자의 마음가짐을 익혀나가다 보면 점차 새로운 세상이 눈앞에 펼쳐지게 될 것입니다. 계기만 만들어지면 내가 무엇이 되고 싶은지, 어떤 꿈을 꾸고 있는지, 어떻게 살고 싶은지도 알게 됩니다.

또한 내게는 가치가 없는 무언가가 타인에게는 충분한 가치가 있어 돈을 만들어내는 경우가 있습니다. 예를 들면, 1장에서 언급한 자니스 동아리 회보지가 그렇습니다. 그러나 많은 사람이 그것을 깨닫지 못합니다.

꿈을 실현하려면 돈이 반드시 필요하다

돈에게 사랑받기 위해서는 명확한 이유와 행동이 필요합니다. '고급 호텔에 묵어보고 싶다', '해외에 가보고 싶다', '더 많은 경험을 하고 싶다' 등 새롭게 무언가를 해보고 싶은 욕구는 많을수록 좋습니다.

나아가 돈, 시간, 장소의 자유를 얻고 싶다면 먼저 이 모두를 실제로 손에 넣은 사람과 만나야 합니다. 제가 대부호를 만나러 갔던 것처럼요. 나와 생각이나 생활 수준이 비슷한 친구에게 상담해봤자 별다른 해답을 찾을 수 없습니다. 그 사람의 생활을 직접 눈으로 보고, 사고방식을 배우는 것이 가장 좋습니다. 같은 공간에 함께 있으면서 그 존재를 피부로 느끼는 일은 무척 중요합니다.

그렇다면 돈은 왜 필요할까요? 바로 동경하고 꿈꾸는 것들을 실현할 수 있기 때문입니다. 또한 돈이 있으면 언제든 원하는 일을 할 수 있고, 자신과 가족이 행복해지며, 더 많은 자유를 누릴 수 있습니다. 그렇게 될 수 있는 방법은 다음 장에서 구체적으로 알려드리겠습니다. 많이 기대해주세요.

'자립해서 스스로 빛나는 신데렐라가 된다'는 말은 한마디로 자신을 브랜드화해서 언제 어디서든 노트북이나 스마트폰 한 대만 있으면 자유롭게 일할 수 있게 된다는 의미입니다. 노트북이나 스마트폰으로 일하는 것은 여러모로 장점이 많습니다. 먼저 해외에 있더라도 일을 할 수 있습니다. 또 SNS를 잘 활용해서 나에 대해서나 내가 만든 상품에 관심을 보이는 사람들을 자연스럽게 늘려나가면, 세미나나 파티 장소를 참가자들로 가득 채울 수 있습니다. 무엇보다 SNS는 당신이 잠든 사이에도 대신 일해줍니다. 블로그나 페이스북 등은 밤낮으로 열려 있으므로 당신이 잠들어 있는 동안에도 사람들이 들어와 글이나 사진을 봅니다. 문의를 받는 일도 가능합니다. 동영상을 올려두면 더욱 좋습니다. 보는 사람들이 이해하기 쉽기 때문입니다. 게다가 동영상은 사람을 고용할 때보다 훨씬 효과가 좋습니다. 자기의 분신이므로 말이 바뀌는 일도 없고, 감기 등에 걸려 일을 못하게 되는 경우도 없습니다.

나아가 상권이 넓다는 점 또한 매력적인 요소입니다. 예컨대 오사카에서 가게를 한다면 고객은 주로 오사카와 그 주변 지역의 사람들이 됩니다. 하지만 인터넷상에서는 전 세계에

상권을 형성할 수 있습니다. 이처럼 노트북 한 대만 있으면 자신의 생각이나 상품을 세상에 더 잘 알릴 수 있고, 24시간 365일, 언제 어디서든 자유롭게 일할 수 있습니다(SNS 활용에 관해서는 3장부터 참고해주세요).

앞에서도 말했다시피, 지금 저는 크게 나눠 7가지 일을 하고 있습니다. 에스테틱 숍 중심의 오프라인 매장도 운영하고 있지만, 오프라인(시간·장소)에 얽매이지 않고 비즈니스로 돈을 버는 것으로 무게 중심을 옮기면서 오프라인 매장을 의도적으로 점차 줄여왔습니다. 현재는 창업 또는 경영이 궤도에 오를 수 있도록 도와주는 컨설팅, 홈페이지나 온라인 쇼핑몰 제작 등을 도와주는 인터넷 비즈니스 지원, 세미나, 인터넷 비즈니스 강좌, 이벤트 기획(투어 등), 그리고 앞에서 이야기한 회원제 커뮤니티 '해피 신데렐라 클럽'이 사업의 핵심이 되었습니다. 이것들은 인터넷 중심으로 전개하는 사업이며 돈, 시간, 장소의 자유를 손에 넣기 위해 시작했습니다.

저는 오프라인 매장과 온라인 쇼핑몰에서 비즈니스 커리어를 쌓으면서 양쪽에서 생길 수 있는 고민거리와 문제점을 파악할 수 있었습니다. 그러한 능력을 바탕으로 오프라인과 온라인 합쳐서 60개 이상의 점포를 종합적으로 지원했습니다.

돈 버는 방법에 대해 상담도 해주고 있는데, 50만 원 정도였던 월수입을 1,000만 원 이상으로 끌어올리는 방법 등 각자가 처한 사업 환경에 따라 폭넓게 대응하고 있습니다. 참고로 그 차이는 자신을 드러내고 상품화할 각오가 되어 있느냐 그렇지 않으냐에 따라 달라집니다. 앞으로는 누구나 자신이 원하는 생활 양식을 즐기면서 돈을 벌 수 있도록 그 힌트를 세상에 제공하고 싶습니다.

수입원이 여럿인 '파르테논 신전 방식'을 목표로 한다

돈에게 사랑받는 구체적인 방법을 아는 돈의 자유, 언제든 원하는 일을 할 수 있는 시간의 자유, 국내외를 가리지 않고 가고 싶은 곳에 자유롭게 갈 수 있는 장소의 자유. 누구나 돈과 시간과 장소에 얽매이지 않는 생활을 꿈꾸지만 실제로 이 3가지 자유를 손에 넣은 사람은 거의 없습니다. 만약 자신이 사장이라면 가능할지도 모르지만, 회사에 다닌다면 장소의 자유가 없습니다. 내가 없어도 완벽하게 돌아가는 회사 시스템을 만들기 어려울뿐더러 인간관계의 자유도 없습니다.

전업주부라면 어떨까요? "일찍 결혼해서 삼시 세끼 굶지 않고 낮잠까지 자는 전업주부가 최고다." 엄마는 젊은 시절에 이런 말을 많이 들었다고 합니다. 그런데 실제로는 생활비는 남편에게 타서 쓰니 돈의 자유가 없었고, 온종일 집안일을 하느라 시간에 쫓기며 바쁘게 지냈답니다. 또한 가족에 매여 인간관계에서도 자유롭지 못했던 것은 따로 길게 설명하지 않아도 될 듯합니다. 이처럼 어느 하나를 손에 넣을 수는 있겠지만, 모든 것을 얻기는 어렵습니다. 하지만 3가지 자유를 전부 다 손에 넣은 사람도 분명히 있습니다.

현재 여성들의 생활 양식은 변해가고 있습니다. 옛날에는 삼시 세끼를 꼬박꼬박 챙겨 먹고, 낮잠까지 자는 생활을 동경했을지 몰라도 지금은 다릅니다. 남성에게 의존하지 않고 자신의 재능을 살려서 하고 싶은 일을 하며 경제적으로 독립하려고 합니다. 동시에 여성으로서 매력을 유지하고 개인 생활도 충분히 즐기는 시대가 눈앞에 다가왔습니다. 다만, 그렇게 되기 위해서는 어떻게 인생을 살아가야 할지를 고민해야 합니다. '무엇이 되고 싶은가, 어떤 생활 양식을 지향하는

가.' 이런 것들을 명확히 해서 적어보는 것이 중요합니다. '돈과 지혜롭게 사귀는 행복한 생활 양식'에 관해 작가 혼다 겐은 이렇게 말했습니다.

20대: '이렇게 되고 싶다, 저렇게 되고 싶다'는 꿈을 꾸며 미래를 설계한다.

30대: 결혼하느냐 하지 않느냐에 따라 돈에 대한 사고방식이 바뀐다. 이상적인 이성을 만나려면 자신에게 투자해야 한다. 홀로 설 수 있는 길을 개척하기 위해 준비한다.

40대: 돈에 대해 공부하느냐, 하지 않느냐에 따라 이후의 인생이 크게 바뀐다. 매달 쓸 수 있는 돈이 얼마나 있느냐에 따라 생활의 질이 크게 바뀐다.

50대: 행복하게 살아갈 기술을 익힌 사람은 인생의 황금기에 돌입한다.

60대: 지금 누리는 풍요로움을 주위 사람과 나눈다.

70대: 추억으로 살아간다.

여기서 가장 눈여겨볼 부분은 30대와 40대입니다. 일본에

서는 대부분의 사람이 하나의 수입원을 갖지만, 미국 친구들의 이야기를 들어보면 해외에서는 여러 개를 갖는 것이 일반적이라고 합니다. 저는 그것을 '파르테논 신전 방식'이라고 부릅니다. 파르테논 신전은 많은 기둥이 떠받치고 있습니다. 만약 기둥이 하나밖에 없다면 금방 무너져버릴 것입니다.

마찬가지로 수입원 역시 하나가 아니라 3개나 4개, 아니 많을수록 좋습니다. 예를 들어, 수입원이 하나밖에 없는데 교통사고를 당해 일을 못 하게 된다면 갑자기 수입이 끊기고 맙니다. 따라서 언제 어디서 어떻게 될지 한 치 앞을 알 수 없는 지금 시대에는 항상 그런 위험을 염두에 두어야 합니다.

모르는 만큼 손해를 본다

일본에서는 돈에 대한 체계적인 교육을 거의 하지 않습니다. 가르친다고 해도 '돈을 모아라' 정도가 고작입니다. 돈을 모으려면 우선 돈을 벌어야 합니다. 하지만 어째선지 돈을 버는 방법은 일하는 것 말고는 다른 선택지가 없습니다.

대부분의 일본인은 '돈을 번다=일을 한다'라고 생각합니다. 그런데 무언가를 할 때는 여러 가지 방법이 있게 마련입니다. 예를 들어, 도쿄대학교 입학을 목표로 한다고 해보겠습니다. 도쿄대 입시 전문 학원에 가는 사람이 있는가 하면, 혼자서 공부하는 사람도 있습니다. 그 밖에도 여러 가지 방법이 있어서 각자 자유롭게 선택할 수 있습니다. 그것이 당연한 일입니다. 그런데 왜인지 돈을 불린다고 하면, 일을 하는 것밖에는 생각하지 않습니다. 일을 하는 것이 틀렸다는 말은 절대 아닙니다. '일을 한다'라는 선택지만 있는 것이 의문이라는 말입니다.

머리가 좋고 나쁘고는 상관없습니다. 지금은 모르는 만큼 손해를 보는 시대입니다. 실제로 보험이든 뭐든 원래는 더 싸게 할 수도 있었는데, 잘 몰라서 비싼 값을 치른 경험이 한두 번씩은 있을 것입니다. 현실적으로 많은 사람이 그렇게 해서 손해를 봅니다. 그러면 나라가 나서서 보호해주느냐면, 그렇지는 않습니다. 모든 것은 자기 책임입니다. 그러므로 돈에 대해 공부해야 합니다. 저는 '백만장자 마인드' 강좌를 통해 돈 버는 법에 대해서도 가르쳐드리고 있습니다.

중요한 것은 지식과 감성입니다. 돈에 대한 지식을 늘리기 위해서는 ① 번다 ② 쓴다 ③ 지킨다 ④ 늘린다 이 4가지

를 순서대로 익혀야 합니다. 그리고 감성을 키우는 방법은
① 받아들인다 ② 감사하고 음미한다 ③ 믿는다 ④ 나눈다입니다. 이것이 혼다 겐이 『행복한 부자를 위한 돈의 IQ·EQ』
(더난출판사, 2004)에서 말한 행복한 부자가 되는 데 필요한
돈의 지식(IQ)과 감성(EQ)입니다.

30대·40대에는 돈을 공부하면서 지혜로워지고, 50대·
60대에는 함께 열심히 노력해온 사람들과 인생을 즐긴다. 그
리고 70대에는 추억으로 살아간다. 이런 인생이야말로 최고
의 인생이 아닐까요?

'나'를 상품으로 만든다

지금 시대는 과거와 크게 달라진 점이 하나 있습니다. 바로
'나를 상품으로 만든다'는 것입니다. 옛날에는 생각지도 못
한 일이지만, 지금은 SNS를 비롯한 온라인 활동을 통해 전
세계 사람들에게 나를 알릴 수 있게 되었습니다. 정말 대단
한 일이지 않나요?

다만 그것을 수입으로까지 연결시키려면 내 이야기의 중
심축이 있어야 합니다. 그런데 안타깝게도 대부분의 사람들

은 나만의 견해나 관점, 즉 중심축이 제대로 확립되어 있지 않습니다. 무엇을 좋아하는가, 무엇을 하고 싶은가, 무엇이 되고 싶은가. 이런 것들을 스스로 알지 못하면 전달할 수 없습니다. 설사 어떻게든 전달했다 해도 내가 잘 알지 못하는데 남이 이해할 수 있을 리 없습니다.

반대로 중심축이 확고하면 세상을 향해 어떤 것이든 전달할 수 있다는 말이기도 합니다. 자신이 전달하고 싶은 것이나 하고 싶은 것 등 방향성에 맞춰 다양한 정보를 제공하면 공감해주는 팬이 늘어납니다. 그렇게 하면 분명 많은 자유를 손에 넣을 수 있게 될 것입니다.

누구나 무한한 가능성을 지니고 있으며, 백마 탄 왕자님을 기다리는 시대는 끝났습니다. 다음 장에서는 드디어 제가 적지 않은 돈을 받고 사람들을 컨설팅하는 노하우를 공개합니다. 부디 나의 이야기라고 생각하면서 감정 이입을 해서 읽어주세요. 그리고 나만의 '신데렐라 스토리'를 써나가보세요.

앞으로 소개할 4가지 단계를 밟아나가면 자기가 하고 싶은 일이나 꿈을 명확히 알게 됩니다. 백만장자 마인드를 길러 성공으로 가는 길을 닦을 수 있습니다. 또 자신의 힘으로 성공한 행복한 부자의 이미지를 구체적으로 그리게 되고, 인터넷 비즈니스의 창업(혹은 오프라인 매장을 병행한 형태)을 향한 첫걸음을 내딛는 계기가 될 것입니다. 그럼 이제 돈, 시간, 장소, 이 3가지 자유를 손에 넣어 내가 주인공인 인생을 걸어가보세요. 이것이 바로 현대판 신데렐라입니다.

3장

최고의 신데렐라 스토리를
써나가는 4가지 과정

step 1. '내가 주인공인 신데렐라 스토리'란 무엇인지 알아본다

step 1.
'내가 주인공인 신데렐라 스토리'란
무엇인지 알아본다

나를 행복하게 만들겠다고 선언한다

최근 들어 "성공한 사람보다 행복한 사람이 되자"는 말을 자주 듣습니다. 이때 '행복'의 기준은 사람마다 다르겠죠. 나를 가장 행복하게 하는 것이 무엇인지를 알아보는 방법은 무척 간단합니다. 바로 스스로에게 질문해보면 됩니다. 여러분도 지금 한번 해보시길 바랍니다.

Q. 지금 당장 당신이 좋아하는 음식을 먹거나, 좋아하는 일을

하거나, 좋아하는 장소에 가도 좋다고 한다면, 무엇을 하시겠습니까?

아마 다른 사람들과 비교해보면 당연히 저마다 다른 대답이 나올 것입니다. 즉, 내가 행복하다고 느끼는 것이 정답입니다. 항상 내 마음이 편안한지 어떤지 하나하나 스스로에게 질문해보세요. 사람은 태어나서 죽을 때까지 평생 자신과 친구로 살아가야 합니다. 따라서 자신이 행복하지 않으면 행복을 이루었다고 할 수 없습니다. "평생 친구로 살아갈 나 자신을 행복하게 만들자!"고 선언하세요. 모든 것은 거기서부터 시작됩니다.

내 마음속 '남자친구'를 만든다

내가 행복한지 아닌지 확인할 수 있는 아주 효과적인 방법이 있습니다. 바로 마음속에 '남자친구'를 만드는 것입니다. "오늘은 어땠어?" "어떻게 하면 더 행복해질까?" 이렇게 연인에게 하듯 나에게 물어봅니다. 그때 "기분 좋고 행복했어"라거나 "오늘도 괜찮았어"라고 대답한다면 오늘 하루는 행복했다고 말할 수 있겠지요.

오늘의 행복이 쌓여 내일의 행복이 되고, 미래의 행복으로 이어집니다. 그러므로 항상 지금 내 감정이 어떠한지를 스스로 물어보세요. 그렇게 하면 내가 주인공인 신데렐라 스토리를 써나갈 수 있습니다.

내 감정을 알 수 있는 자문자답 시트(돈에 중점을 둔 질문 예시). 자신을 가장 행복하게 하는 일이 무엇인지 질문을 던지고 스스로 답변을 찾아보세요!

Q 가장 즐거울 때는 언제인가요?

A

Q 놀거나 좋아하는 일을 할 때 필요한 돈은 얼마인가요?

A

Q 화장, 피부 관리, 헤어스타일에 필요한 돈은 얼마인가요?

A

Q 큰돈이 생기면 제일 먼저 사고 싶은 물건이니 하고 싶은 일은 무엇인가요?

A

Q 나를 위해서 언제든지 원하는 만큼 찾아 쓸 수 있는 예금 통장이 있다면 얼마를 넣어두고 싶나요?

A

Q 이 정도면 정말 만족한다고 말할 수 있는 연 수입은 얼마인가요?

A

Q 당신의 삶을 '더 좋게 만들어주는 것', '만족스럽게 만들어주는 것'의 예를 3가지 들어주세요.

A

Q 당신만이 할 수 있는 일은 무엇인가요? 남보다 잘하는 일, 누구에게도 지지 않는 일, 진심으로 좋아하는 일을 써주세요.

A

Q 당신의 가치를 돈으로 환산해보세요.

A

Q 매일 여러 가지 일을 열심히 하는 자신에게 해주고 싶은 말은 무엇인가요?

A

Q 몇 년 후 얼마나 큰 부자가 되고 싶나요?

A

백만장자 신데렐라 레슨

Q 당신은 반드시 풍요롭고 행복한 억만장자가 될 것입니다. 그날을 위해 지금 당신이 할 수 있는 일은 무엇인가요?

A

Q 모든 꿈을 이룬 스스로에게 어떤 말을 해주고 싶나요?

A

나의 행복과 남의 행복은 분명히 다릅니다. 예를 들어, 사귀는 사람이 프러포즈를 하면서 평생 행복하게 해주겠다고 말했다고 해보죠. 행복에 관해서 서로 이야기를 나눠볼 기회가 없었을 뿐만 아니라, 행복에 대한 가치관이나 사고방식도 다르다면 어떨까요? 상대방이 생각하는 행복과 여러분이 바라는 행복은 조금 다를지도 모릅니다.

두 사람이 행복에 대한 가치관을 공유하지 않은 상태에서는 생활 양식이 서로 어긋나고 맙니다. 무엇이 내 마음을 편안하게 하는지, 무엇이 나를 행복하게 하는지, 내가 무엇을 좋아하는지는 나 자신밖에 모릅니다. 태어나고 자란 환경도, 먹어온 음식도 다릅니다. 그런 두 사람이 우연히 혹은 운명적으로 만나 결혼하는 것이므로, 결혼하기 전에 서로 생각이나 감정, 가치관을 충분히 공유해야 합니다. 그렇다고 해도 모든 것을 알기는 어렵습니다. 그러므로 무엇이 행복인지는 역시 나 자신에게 물어보는 수밖에 없습니다.

가령 "고급 호텔의 스위트룸에서 그와 함께 지내는 것이 행복"이라는 대답이 나왔다고 해보죠. 하지만 그런 말은 선뜻 입 밖에 내기 어렵습니다. 솔직하게 말할 수도 있겠지만, 돈이 드는 일이니 더 꺼려지겠죠. 그런데 만약 경제적으로 자립해서 자신이 원하는 일을 할 수 있을 만큼의 돈을 가졌다면 어떨까요? 스위트룸에서 지내고 싶거나, 하와이에 가고 싶거나, 스테이크를 먹고 싶을 때 남에게 기대지 않고 당장이라도 자신의 힘으로 그런 일들을 할 수 있습니다.

저는 늘 고급 호텔에서 세미나나 파티를 여는데, 그럴 때는 꼭 또 다른 나에게 "오늘은 기분이 어때?"라고 물어봅니다. 예를 들면 이런 겁니다. 하룻밤에 100만 원이 넘는 샹그릴라호텔의 스위트룸을 빌리면 물론 기쁘겠죠. 거기다 일까지 하면 일석이조의 이득을 본 기분이 듭니다. 그래서 오늘도 최고였다고 대답할 수 있는 것입니다.

또 해피 신데렐라 클럽에서 해외로 나가 동영상을 찍을 때도 "오늘은 어때?"라고 질문합니다. 그러면 "오늘도 최고였어. 모나코에 직접 와볼 수 있어서 얼마나 좋은지 몰라. 아마 이 영상을 본 사람이라면 모두 오고 싶어질 거야"라고 스스로 대답합니다. 이런 식으로 매일매일 "오늘도 최고!"라고 말할 수 있는 일들을 해보세요.

진짜 내 마음을 알 수 없을 때는 'O링 테스트'로 속마음을 확인한다

내 마음을 확인할 수 있는 방법이 또 하나 있습니다. 음식 재료를 살 때, 마쓰자카 쇠고기가 맛있어 보여도 저렴하다는 이유로 ○○산으로 결정하는 경우도 있을 것입니다. 그럴 때는 진심으로 어느 쪽이 좋은지를 스스로 물어봐야 합니다. 실제로는 마쓰자카 쇠고기가 좋을지도 모르니까요. 그렇게 나의 진짜 마음을 알 수 없을 때는 'O링 테스트'를 해보세요.

'O링 테스트'란, 손가락의 반응으로 무의식에 숨겨진 진짜 속마음을 확인하는 방법입니다. 보통은 두 사람이 짝을 지어서 하지만, 혼자서 하는 방법도 있습니다. 여러 가지 방법이 있는데, 제 경우에는 오른손의 엄지와 검지 끝을 붙여

둥글게 고리(O링)를 만든 뒤, 고리 사이로 왼손 검지를 넣어 "사실은 마쓰자카 쇠고기가 좋아?"라고 물어보며 붙어 있는 두 손가락을 벌리기 위해 힘을 줍니다. 그때 손가락이 떨어지지 않으면 YES, 즉 마쓰자카 소고기가 먹고 싶은 것입니다. 힘이 빠져서 쉽게 떨어진다면 NO, 즉 얇게 썬 ○○산 고기가 좋다는 뜻입니다. 내가 정말 원하는 것이 무엇인지는 나밖에 모릅니다.

인생은 '하느냐 하지 않느냐', '오른쪽이냐 왼쪽이냐'와 같은 양자택일을 해야 하는 순간의 연속입니다. 진짜 내 마음이 어떤지 알 수 없을 때는 'O링 테스트'를 해보세요.

남자친구가 있건 없건 내 인생의 주인공으로 살아가는 것이 가장 좋은 삶이다

경제적으로 자립했다면, 진짜 남자친구가 있으면 더 좋겠지만 없어도 크게 상관없습니다. 만약 남자친구가 있더라도 나에게 좀 더 잘해주길 바라거나 불만을 느낀다면 그것은 그에게 의존하고 있기 때문입니다. 또 남편 이야기가 나올 때면 매번 불평불만을 늘어놓는 사람이 있는데, 혹시 자신이 남편

O링 테스트
(혼자 하는 방법)

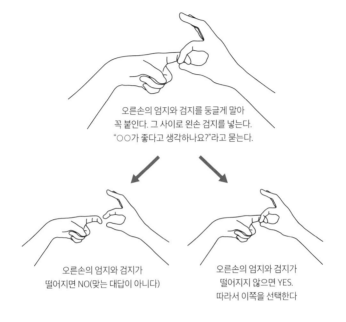

오른손의 엄지와 검지를 둥글게 말아
꼭 붙인다. 그 사이로 왼손 검지를 넣는다.
"○○가 좋다고 생각하나요?"라고 묻는다.

오른손의 엄지와 검지가
떨어지면 NO(맞는 대답이 아니다)

오른손의 엄지와 검지가
떨어지지 않으면 YES.
따라서 이쪽을 선택한다

에게 너무 의존하고 있지는 않은지 스스로 살펴봐야 합니다.

우선 나 자신을 행복하게 만들자고 결심하세요. 그리고 내
가 무엇을 어떻게 하면 좋을지는 앞에서 말한 '마음속 남자
친구'에게 물어보거나 'O링 테스트'로 정해나가면 됩니다.
그렇게 나를 가장 행복하게 만들어감으로써 내 인생의 주인

공이 됩니다.

남의 인생의 조연이 될 것인가, 내가 주인공이 될 것인가. 회사에서 누군가가 만든 상품을 팔 것인가, '나'라는 상품을 팔 것인가. 남이 하자는 대로, 남이 좋다는 대로 따라가는 인생을 산다면 그 사람과 멀어지더라도 또다시 다른 누군가의 인생을 살게 됩니다. 이처럼 평생 남에게 휘둘리며 살아가는 것보다 내 인생의 주인공으로 살아가는 편이 좋다고 생각합니다. 사람은 모두 그러기 위해 태어났으니까요.

어떤 사람이 되고 싶은지, 어떻게 살고 싶은지, 인생이라는 무대에서 내 인생 스토리를 어떻게 펼쳐나갈지 거듭 생각해보세요. 내 인생의 주인공으로서 스스로 만족하며 살아가는 것이 가장 좋은 삶이니까요.

욕구가 많을수록 더 많은 사랑을 주는 사람이 된다

행복을 이루는 것에 관한 이야기를 조금 더 해보겠습니다. 저는 뒤엉킨 머릿속을 정리해야 할 때면 폭포에 수행을 하러 갑니다. 오사카부 가와치나가노시에 인생이 잘 풀리도록 기원해주는 쇼코지라는 절이 있습니다.

쇼코지는 장례 등의 의례는 주관하지 않고, 진심으로 무언가에 도전하려는 사람이나 어떤 분야에서 성과를 내고 싶은 사람에게 성공과 행운을 빌어주는 곳입니다. 폭포수를 맞으면 몸과 마음이 가벼워지면서 정신이 맑아지고, 집중력도 좋아집니다. 폭포 수행은 겨울에 떠나는 편이 좋고, 3개월 정도 연달아 가면 더 좋습니다.

쇼코지의 스님이 말하기를 "인생은 크게 세 시기로 나눌 수 있다"라고 했습니다. 0세부터 20세까지는 오로지 무언가를 받는take 시기입니다. 학교나 학원 같은 곳에서 여러 가지를 배우며, 돈은 부모가 지불합니다. 내가 주는 것은 없습니다. 20세부터 60세까지는 주고받는give and take 시기입니다. 책을 읽고 정보를 얻으면 받는 것, 이것을 다른 사람에게 전달하면 주는 것입니다. 이 기간에는 무언가를 배우거나, 해외나 국내의 멋진 경치를 보거나, 일하거나, 다양한 경험을 쌓습니다. 60세 이후는 주는give 시기입니다. 지금껏 경험해온 모든 것들을 다음 세대에게 물려주거나 전달합니다.

스님은 "인생에서 욕구와 사랑의 관계는 시계추와 같다"고도 했습니다. 대개의 일본인은 "돈을 많이 벌고 싶다"거나

"사랑받고 싶다"고 대놓고 말하기를 꺼립니다. 심지어 욕구를 갖는 것 자체를 나쁘게 생각하는 사람들도 있습니다. 하지만 스님은 욕구와 사랑의 관계는 좌우로 흔들리는 시계추와 같다고 말합니다. 시계추를 떠올려보세요. 왼쪽으로 움직인 추는 곧바로 오른쪽으로 그만큼 되돌아옵니다. 한 번 왼쪽으로 힘차게 움직이면 오른쪽으로 움직이는 에너지도 그만큼 커집니다. 욕구와 사랑도 마찬가지입니다. 욕구가 많을수록 사랑도 많아집니다. 그러므로 욕구를 갖는 것은 결코 나쁜 일이 아닙니다. 욕구가 많을수록 큰 사랑을 줄 수 있는 사람이 됩니다.

20세부터 60세까지는 누구나 다양한 경험을 하게 됩니다. 예를 들어, 해외 5성급 호텔에 머무르거나 하와이에 여행을 가보면, 나중에 또 가고 싶은 마음이 저절로 생깁니다. 그러한 행동과 경험에서 '욕구', 곧 하고 싶은 일이 생겨납니다. 뒤에서 소개할 '이루고 싶은 꿈 100가지 리스트'(112쪽 참조)를 만드는 등 욕구가 많을수록 사랑도 점점 커집니다. 욕구가 있는 사람은 그 욕구를 충족하기 위해 행동하고 경험을 쌓아갑니다. 성공했든 실패했든 경험한 만큼 다음 세대에게

욕구와 사랑의 진자 운동

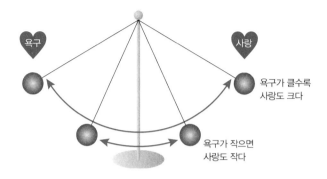

물려줄 수 있는 것이 많아집니다. 그리고 그것을 물려주면서 점점 더 사랑이 가득한 사람이 되어갑니다.

60세 이후에는 다음 세대에게 무언가를 물려주기 위해 자원봉사를 하는 사람이 많습니다. 그중에는 사회에 공헌하고 싶어서 자원봉사를 한다고 말하는 사람도 적지 않습니다. 물론 그것도 멋진 일이지만, 제 생각은 조금 다릅니다. 사회 공헌은 내가 얻은 정보나 직접 경험한 일을 누군가에게 전달하고, 공유하는 일입니다. 아무리 유익한 정보라도 누군가에게 전달하지 않으면 의미가 없습니다. 가령 책을 읽으면서 중요하다고 생각하는 부분이나 자기 생각을 담은 글을 친구나 지인에게 SNS로 공유해보세요. 60세 이후에 시작하려고 하면 익숙하지 않아서 어렵게 느껴질 수도 있습니다. 20대나 30대부터 조금씩 꾸준히 공유해보세요. 그것만으로도 의미 있는 사회 공헌이 될 테니까요.

지식은 타인과 공유할수록 더 풍요로워진다

공유는 사회 공헌이 될 뿐만 아니라 내가 가진 지식을 더 풍요롭게 만들어줍니다. 강연회나 세미나에서 들은 이야기나 책을 읽고 가슴에 와 닿은 좋은 말을 열심히 노트에 적었다고 해봅시다. 그런데 바쁜 일상을 살다 보면 나중에 노트를 펼쳐봐도 '이게 뭐였지?' 하고 고개를 갸웃거리게 됩니다. 그리고 더 시간이 지나면 강연회나 세미나에 갔던 일 자체를 잊어버리고 맙니다.

　이처럼 사람은 한번 머리에 들어온 지식이나 정보를 사흘 정도 지나면 잘 기억하지 못합니다. 그리고 한 달 후에는 대부분 기억하지 못한다고 합니다. 남에게 듣거나 글을 읽고 얻은 지식이나 정보는 대개 10퍼센트 정도밖에 머리에 남지 않습니다. 반면에 자신이 직접 글로 쓰거나 말을 하면서 누

백만장자 신데렐라 레슨

군가와 공유하면 놀랍게도 90퍼센트 이상 기억할 수 있다고 합니다. 머릿속의 지식과 정보를 끄집어내어 표현하는 과정에서 장기 기억으로 남게 됩니다. 그리고 그 지식은 내 것이 됩니다.

또 지식이나 정보는 혼자 간직하고 있으면 어느새 사라지거나 시간이 갈수록 가치가 떨어집니다. 반면에 타인과 공유하면 수정이나 보완할 점 등 피드백을 받을 수 있으므로 더욱더 풍요로워집니다. 모처럼 보고 들은 지식과 정보를 자기 것으로 만들기 위해서라도 가족이나 주위 사람에게 이야기하거나 페이스북이나 블로그 등을 이용해서 조금씩 공유하는 습관을 들이도록 합시다.

자신 없다는 생각을 버리자

"도저히 잘해낼 자신이 없어요." "저 같은 사람이 어떻게……."
우리는 종종 이렇게 자신을 낮추는 사람들을 만납니다. 겸손하게 말하려는 의도인지는 몰라도 오히려 자기 비하로 비쳐 좋지 않은 인상을 줄 수 있습니다. 때로는 아주 능력이 뛰어난 사람이 자신을 지나치게 과소평가하는 경우도 있습니다. 자신이 해온 일이나 스스로를 있는 그대로 보지 못하기 때문이죠. 이런 사람들은 약간만 일이 틀어져도 자신감이 떨어지고 의기소침해집니다. 이것이 반복되면 시간이 지날수록 자신감이 점점 떨어지는 악순환에 빠지고 맙니다. 그러므로 자신이 없다는 생각이 들면 얼른 그것을 떨쳐 버려야 합니다.

앞에서 소개한 쇼코지의 스님은 "인간은 고시엔 야구장" 전체에 빈틈없이 뿌려진 쌀알 가운데 한 알로 선택될 확률로 태어났다"라고 말했습니다. 그리고 우리는 세상에 태어나지 못한 생명을 포함해 대표로 태어났으므로 그 생명들이 응원해주고 있을 거라고도 했습니다.

조금 엉뚱한 이야기일지 모르지만, 하늘에 계신 조상님들이 텔레비전이나 무대를 보듯 나를 지켜보고 있다고 상상해보세요. 응원하는 프로 야구팀이 이겨서 신이 났을 때는 조상님도 같이 손뼉을 쳐줍니다. 혹은 오래 사귄 연인과 헤어져 눈물을 흘릴 때 함께 울어줍니다. 이처럼 조상님은 내가 기쁠 때 같이 기뻐해주고, 슬플 때는 같이 슬퍼해주실지 모

● 매년 봄 전국 고교야구대회가 열리는 곳으로, 일본 고교 야구의 상징.

릅니다.

'나는 지금 대표 선수로 선출되었고, 모두의 응원을 받고 있다.' 이렇게 생각하면 자신감이 없다고 말할 때가 아닙니다. '난 혼자가 아니야. 모두가 응원해주고 있어. 괜찮아.' 이렇게 스스로 격려하면서 자신감을 키워보세요.

step 1. 요점 정리

- 자신을 최고로 행복하게 만들겠다고 선언한다.
- 마음속에 '남자친구'를 만들어두고 진짜 내 마음이 어떤지 항상 물어본다.
- 욕구는 많을수록 좋다.
- 지식과 정보를 공유하면 사회 공헌으로 이어진다.

4장

최고의 신데렐라 스토리를
써나가는 4가지 과정

step 2. '내가 주인공인 신데렐라 스토리'의 중심축을 만든다

step 2.
'내가 주인공인 신데렐라 스토리'의 중심축을 만든다

'머릿속 옷장'을 정리해서 정보를 늘리고, 지식을 넓힌다

내가 주인공인 신데렐라 스토리를 써나가기로 결정했다면, 다음은 '중심축'을 만들 차례입니다. 축을 만들려면 먼저 '머릿속 옷장'을 넓혀야 합니다. 가령 옷장 안에 원피스만 걸려 있다면 어떨까요? 매일 똑같은 스타일로 옷을 입을 수밖에 없습니다. 하지만 거기에 티셔츠나 스커트 같은 옷이 새로 들어가면 여러 가지 조합으로 다양한 스타일을 연출할 수 있습니다.

여기서 말하는 '머릿속 옷장'이란, 내 머릿속에 들어 있는 정보를 말합니다. 지금 사는 인생은 자신의 경험에 따라 선택해온 결과물입니다. 모르는 언어를 구사할 수는 없듯이, 모르는 것은 아예 선택할 수 없습니다. 예를 들어, "이 집 빵이 제일 맛있어"라고 말한다면 지금까지의 경험에 비추어 그 빵이 제일 맛있었기 때문입니다. 설사 더 맛있는 빵이 있다 해도, 그 빵에 대해 모른다면 먹어볼 기회조차 얻지 못할 것입니다.

　또 남국의 리조트로 여행을 가고 싶을 때 하와이나 괌, 사이판 같은 곳밖에 떠오르지 않는다고 해보죠. 만약 여러 나라를 여행하면서 다른 리조트에서 지낸 경험이 있다면 카리브해 등의 선택지도 더해졌을 것입니다. 모르면 상상할 수도 선택할 수도 없습니다. 게다가 세상에는 자신이 모르는 것들이 아주 많고 새로운 정보도 점점 늘어나기 때문에 아무리 과거에 가장 좋아한 것이었더라도 지금이라면 선택이 바뀔지도 모릅니다.

　하지만 집과 회사만 오가고, 대화 상대도 매일 똑같다면 옷장의 정보는 여간해선 늘어나지 않습니다. 저 역시 그랬습니다. "점심으로 뭘 먹을까?" "이번 주말에 이런 일이 있었어." 직장에 다닐 때는 동료들과 이런 이야기만 주고받았습니다. 정보가 한정되어 있으니 그중에서 고를 수밖에 없었죠. 여기서 벗어나려면 더 많은 욕구를 갖기 위해 행동하는 수밖에 없습니다.

아마도 대부분의 사람은 자신의 '머릿속 옷장'에 무엇이 들어 있는지 정리해본 적이 없을 것입니다. 옷장은 대개 크기가 정해져 있습니다. 그런데 계절별로 옷을 갖춰 입다 보면 옷이 점점 늘어나기 마련이어서 공간이 부족해집니다. 그럴 때는 필요 없는 옷을 정리합니다.

하지만 머릿속 옷장을 정리하려는 생각은 잘 못합니다. 따라서 이런저런 정보가 그대로 쌓여갑니다. 컴퓨터도 데이터 양이 계속 늘어나면 새로운 자료를 저장할 공간이 부족하므로 필요 없는 정보는 삭제합니다. 이와 마찬가지로 머릿속 역시 필요한 것만 남기고 나머지는 끊고, 버리고, 멀리하는 단사리斷捨離*를 해야 합니다.

그렇다면 필요한 것은 과연 무엇일까요? 먼저 지식을 넓

● 요가의 행법(行法)인 단행(斷行), 사행(捨行), 이행(離行)에서 착안한 말로, 불필요한 것들을 끊고, 버리고, 멀리하는 심플한 삶이나 처세 등을 의미한다.

히지 않으면 그중에서 필요한 것, 다시 말해 '좋아하는 것'을 선택할 수 없습니다. 그러므로 우선은 '머릿속 옷장'의 지식을 넓혀야 합니다.

'머릿속 옷장'의 지식은 어떻게 해야 넓힐 수 있을까요? 누구나 쉽게 할 수 있는 방법은 책방에 가는 것입니다. 그중에서도 평소에 관심이 없는 분야의 책을 골라보세요. 제 경우에는 자동차 관련 책 등을 한 번씩 쭉 훑어봅니다. 어떤 책이든 저자는 자기가 지금까지 익혀온 전문 지식을 최대한 동원해서 한 권의 책을 완성합니다. 그러므로 책장을 빠르게 넘겨가며 읽는 것만으로도 좋은 공부입니다.

책 읽기에 익숙지 않다면 우선 잡지에 도전해보세요. 특히 여성 잡지는 대부분 글보다 사진 같은 시각 정보가 많은 지면을 차지하므로 이해하기가 더 쉽습니다. 그렇게 하면서 차츰 그림이나 사진이 많은 책으로 넘어가도 좋습니다.

그 과정에서 여행에 관심이 생겼다면, 가령 '세계 여행 100선'이나 '세상에서 제일 가보고 싶은 마을' 같은 제목의 책을 읽으면서 선택지를 늘려나가세요. 예를 들어 리조트라면 하와이, 괌, 사이판 이외에도 어디에 어떤 리조트가 있고 어떤 점이 좋은지 새로운 정보를 늘려갈 수 있습니다. 그리고 자동차, 집, 결혼 등 생활 양식과 관련된 책으로 범위를 넓혀가세요. 그렇게 해서 '머릿속 옷장'에서 '좋아하는 것'으로 분류된 정보들은 '이루고 싶은 꿈 100가지 리스트'에 하나하나 적어나갑니다. '이루고 싶은 꿈 100가지 리스트'에 대해서는 뒤에서 다시 말하겠습니다.

책방에 가는 것 말고도 방법은 있습니다. 인터넷에 검색해본다든지 다양한 분야의 사람들에게 이야기를 직접 들으러 가는 것도 좋습니다. 앞에서 말했듯이 남의 이야기를 단순히 듣는 것만으로는 10퍼센트 정도만 기억에 남으므로, 그 정보들을 부지런히 주변 사람들에게 공유해서 자기 것으로 만들어야 합니다.

정보를 공유하면 새로운 정보가 들어오거나 좋은 인맥이 만들어지기도 합니다. 꿈을 응원해주는 협력자도 나타나게 되므로, 하고 싶은 일이나 가고 싶은 곳 등 꾸밈없이 솔직하게 적어서 공유해보세요.

책이나 인터넷의 정보보다 더 좋은 것은 '경험'입니다. 경험이 많아질수록 하고 싶은 일은 점점 더 늘어납니다. 머릿속 옷장의 좋아하는 것들이 교체되면서 행복한 상태가 이어집니다. 여러분의 머릿속 옷장을 전 세계에서 엄선한 가슴 두근두근한 정보로 채워보면 어떨까요.

'이루고 싶은 꿈 100가지 리스트' 만들기

30여 개의 직업을 가진 것으로 유명한 일본 작가 로버트 해리스의 저서 중에 『인생에서 이루고 싶은 100가지』(자음과모음, 2005)라는 책이 있습니다. 저는 스무 살 때 해리스 씨를 우연히 만날 기회가 있었습니다. 그때 해리스 씨는 이미 예순을 바라보는 나이였는데, 20대 무렵에 유행한 히피 문화의 영향으로 요즘 한창 주목받는 노마드적 삶을 훨씬 이전부터 살아왔습니다. 해리스 씨는 이 책에서 20대부터 오랜 시간 작성해온 인생에서 이루고 싶은 100가지 리스트와 50대 이후에 이루고 싶은 100가지 리스트를 각각 소개했습니다.

20대에 가지는 꿈은 보통 돈이 있으면 상대적으로 수월하게 이룰 수 있는 것들이지만, 해리스 씨의 경우는 뗏목을 타고 아마존강을 건넌다거나 패션 잡지 〈보그VOGUE〉의 모델과 사귄다거나 하는 것들도 있었습니다. 책에는 그 외에도 하고 싶은 것, 되고 싶은 것 100가지를 모두 이룬 과정이 담겼는데, 50대 이후에는 사회에 공헌하고자 하는 꿈이 많았습니다. 돈으로는 살 수 없지만 정신적으로 풍요로워지고 넉넉해지는 꿈을 꾸게 된 것입니다.

그 꿈의 리스트에 100가지를 적어 넣습니다. 그리고 꿈이 하나 이루어지면 새로운 꿈 하나를 다시 채워 넣습니다. 그러면 그것과 관련한 꿈이 또 생겨나고 다시 3가지, 4가지로 늘어나면서 리스트 내용이 바뀌게 됩니다. 그렇게 더하고 빼기를 반복하면서 평생 100가지가 유지됩니다.

저도 스무 살 때부터 이런 꿈 리스트를 적기 시작해 벌써 10년째입니다. 지금까지의 경험에 비춰 보면 평균 반년 동안 15가지 정도의 꿈을 이루었습니다. 매일 새로운 꿈이 생겨나는데, 오늘도 '출간 기념 파티는 이렇게 해보자'라는 생각이 떠올랐습니다. 그런 아이디어는 휴대전화에 간단히 메모해 두고 나중에 세부 내용을 덧붙여갑니다. 인생의 마지막 단계에 접어들면 이 리스트를 되짚어보며 '이런 꿈이 있었구나'라든가 '이 꿈은 이뤘어'라고 회상하겠지요.

리스트에 적어두는 일은 매우 중요합니다. 가령 '장미꽃

100송이와 함께 프러포즈를 받고 싶다'는 꿈을 가졌다고 해보죠. 그 소원대로 프러포즈를 받았다 해도 리스트에 적어두지 않으면 꿈이 이루어졌다는 사실을 깨닫지 못할 수도 있습니다.

눈에 보이는 형태로 남겨두면 나중에 더 큰 만족감을 얻을 수 있습니다. 하루를 계획하기 위해 '일정 관리 리스트To Do List'를 적어서 할 일을 체크하듯이 인생을 관리하는 '이루고 싶은 꿈 100가지 리스트'를 만들어보세요. 이루어진 꿈도 따로 적어두었다가 나중에 시간이 흐른 뒤 비교해보면 새로운 즐거움을 안겨줄 것입니다.

꿈은 구체적으로 주문해야 한다

돈으로 살 수 있는 꿈, 자신의 노력으로 이룰 수 있는 꿈, 다른 누군가가 있어야만 이룰 수 있는 꿈. 저는 꿈을 이렇게 3가지로 나눕니다. 제가 만들었던 '이루고 싶은 꿈 100가지 리스트'를 보면 처음에는 '스페인에 가고 싶다'와 같은 돈으로 살 수 있는 꿈이 85퍼센트 이상을 차지했습니다.

저는 많은 사람을 컨설팅하면서 그분들에게도 꿈 리스트

를 작성해보라고 조언합니다. 하지만 리스트 내용까지 체크 해주는 경우는 많지 않습니다. 여기서 꼭 해두고 싶은 말이 있습니다. 여러분의 꿈은 대개가 지나치게 추상적입니다.

가령 '스페인에 가고 싶다'고 리스트에 적었다고 해보죠. 꿈 자체는 멋집니다. 다만 조금 막연합니다. 스페인의 사그라다 파밀리아 성당에 가고 싶은지, 프라도 미술관에 가고 싶은지, 어느 지역에 가고 싶은지를 구체적으로 정하는 편이 좋습니다. 꿈이 추상적이면 우주에 가 닿지 않습니다.

이루고 싶은 꿈 100가지 리스트 예시

	돈으로 살 수 있는 꿈	자신의 노력으로 이룰 수 있는 꿈	다른 누군가가 있어야만 이룰 수 있는 꿈
1	남극 여행 가기	부동산 수익으로 생활하기	품격 있는 남성을 만나기
2	나스카 지상화 보기	유기농 식재료로 요리하기	멋진 프러포즈 받기
3	바다거북과 헤엄치기	영어를 유창하게 구사하기	결혼하기
4	하와이에서 한 달간 살아보기	월수입 1억 원 돌파하기	아이를 위해 캐릭터 도시락 만들기
5	오픈카 타고 달리기	가사 도우미 고용하기	벽면을 수납 공간으로 만들기
6	피라미드 보러 가기	〈정열대륙〉* 출연하기	기념일 챙기기

7	나오시마 여행 가기	치아 교정하기	골프 실력 늘리기
8	후지산 등정하기	해외에 학교 짓기	신혼여행으로 세계 일주하기
9	사해에 누워 책 읽기	전신 제모하기	잡지에 특집으로 실리기
10	긴자의 초밥집 가기	뮤지컬 배우기	바다를 마주한 집에서 살기
11	우유니 소금 호수 가기	책 출간하기	가족이 함께 같은 옷 맞춰 입기
12	모나코의 최고급 스파 즐기기	여배우 되기	부부가 함께 공부하기
13	트리 하우스에 묵어보기	도쿄돔 빌려보기	부모와 자식이 함께 유학 가기
14	리우 카니발 보러 가기	토크쇼 출연하기	영화 만들기
≈	≈	≈	≈
90			
91			
92			
93			
94			
95			
96			
97			
98			
99			
100			
소계	48	33	19
		합계	100

저는 '이루고 싶은 꿈 100가지 리스트'에 적은 꿈을 모두 이뤘습니다. 왜 이루지 못하는 사람이 있을까 궁금했는데, 여러 사람과 상담하면서 그 이유를 알게 되었습니다. 제가 모든 꿈을 이룰 수 있었던 비결은 다른 사람보다 구체적으로 꿈을 적었기 때문입니다. 제가 알고 지내는 작가는 '100만 부 넘게 팔리는 베스트셀러의 작가가 되어 30여 개 나라에서 출간'이라고 리스트에 적었습니다. 이런 식으로 구체적으로 적는 편이 좋습니다. 누가 보더라도 이것은 그 가게에만 있다, 그곳에서만 경험할 수 있다는 것을 알 수 있을 정도로 명확히 적는 것이 가장 좋습니다.

예를 들어 '스파게티를 먹고 싶다'라고만 적는다면 어떤 가게의 어떤 스파게티인지 알 수 없습니다. 패밀리 레스토랑의 스파게티인지 아니면 유명 음식점의 스파게티인지도 다르고, 유명 음식점의 스파게티라고 해도 '스파게티를 먹고 싶다'는 것만으로는 부족합니다. 스파게티는 나폴리탄, 카르보나라 등 종류도 다양하기 때문입니다. 하지만 가게 이름을 명확히 넣어 '○○ 레스토랑의 카르보나라를 먹고 싶다'고

● 일본 각계의 대표 인사들을 밀착 취재하는 다큐멘터리 형식의 프로그램.

적는다면 오직 그 가게에서 판매하는 그 스파게티밖에 없습니다.

이렇게 꿈은 구체적으로 적어야 합니다. 스페인의 사그라다 파밀리아 성당이라고 하면 세상에 오직 한 곳뿐입니다. 그러므로 '스페인에 가고 싶다'를 구체적으로 생각해서 적어보면 몇 가지 항목이 더 생겨납니다. 꿈 리스트를 처음 적어본다면 10~20가지 정도밖에 적지 못하는 경우도 있습니다. 그 10~20가지 꿈을 구체적으로 적어나가면 50~60가지로 늘어날 것입니다. 일주일 정도 시간을 두고 실현되는 순간을 머릿속에 그리며 자기만의 '꿈 리스트'를 완성해보세요.

꿈을 돈으로 환산해보면 해야 할 행동을 명확히 알 수 있다

꿈 리스트를 다 작성했다면 한번 살펴보세요. 혹시 돈으로 살 수 있는 꿈이 많지 않나요? '지금 받는 월급으로 이 꿈들을 모두 이룰 수 있을까?' 이렇게 생각하는 사람들도 분명 있겠지요. 그래서 다음 단계는 '꿈을 돈으로 환산해본다'입니다.

가령 스페인의 사그라다 파밀리아 성당에 가는 것이 꿈이라면 300만 원은 필요하다는 식으로 직접 조사해서 대략적인 비용을 적어보세요. 또 '집 사기'가 꿈이라면, 예를 들어 수입 주택*을 원할 때는 어느 지역이 좋을지, 얼마가 필요한지 등을 알아보기 위해 팸플릿을 받아보고 주택 전시장을 여러 차례 방문해보는 것이 좋습니다. 저는 베벌리힐스에서 살아보는 것이 꿈이어서 몇 번이나 현지에 조사하러 갔었고 팸플릿도 받아보고 있습니다. 그렇게 하면 생각지도 못한 것을 알게 되기도 합니다.

저는 오래전부터 카리브해 크루즈 여행을 가고 싶었습니다. 그런 호화 여객선이라면 1억 정도는 필요할 거라고 멋대로 생각했었죠. 그야말로 하늘의 별 따기처럼 느껴져서 "언젠가는 크루즈를 타고 카리브해를 돌아보는 것이 꿈입니다"라고 7년 내내 말해왔습니다. 그러다가 실제로 크루즈를 타고 여행한 사람을 우연히 만나게 되었고, 의외로 큰 비용이 들지 않는다는 사실을 알게 되었습니다.

최근에는 아프리카의 유명 인사들이 즐겨 찾는 모리셔스 공화국의 최고급 리조트에 가고 싶어졌는데, 이번에도 제법

● 해외의 건축 설계 철학을 바탕으로 해외의 공법과 수입 자재 등을 사용해서 국내에서 짓는 집.

큰 비용이 필요할 거라고 마음대로 짐작했었죠. 그런데 막상 알아보니 항공권 가격이 200만 원 내외였습니다. 충분히 마련할 수 있는 금액이어서 마음만 먹으면 오늘이라도 떠날 수 있을 것 같았습니다.

언제쯤 이룰 수 있을지 기약할 수 없는 꿈도 제대로 알아보면 갑자기 현실로 다가올 때가 있습니다. 저 역시 오리엔트 급행 열차 여행이나 카리브해 크루즈 여행에 관한 정보를 알아보면서 세세하게 계획을 세울 수 있었고, 불과 1년 사이에 모두 다녀올 수 있었습니다. 평생 갈 수 없을지도 모르겠다고 7년 내내 생각해왔는데, 비용을 알아본 다음에는 곧바로 실현할 수 있었습니다. 이처럼 실제로 알아보는 것은 매우 중요합니다.

많은 사람이 독립하고 싶다거나, 전 세계를 자유롭게 여행하고 싶다는 등의 꿈을 꾸지만, 그 꿈을 실현하는 데 드는 비용은 사람마다 다릅니다. 그런데 만약 300억 원 정도가 필요하다면 어떨까요? 계속 직장을 다니며 일해도 모두 다 실현하기는 거의 불가능합니다.

어쨌든 꿈을 돈으로 환산해보면 구체적으로 무엇을 해야

할지가 명확해집니다. 실천에 옮기지 않고 마음속으로 그리기만 한다면 결국 꿈으로 끝나고 맙니다. 중요한 것은 꿈을 이루어 나 자신을 행복하게 만드는 일입니다. 그러기 위해서 꿈을 이루고자 하는 것입니다.

인생이 내 뜻대로! 미래 스케줄을 정한다

다음 단계는 꿈이 이뤄지는 시기를 정하는 일입니다. 실제로 꿈 리스트를 적어보면 앞으로 10~15년 사이에 이룰 수 있는 꿈이 매우 많습니다. 제 경우에는 지금 30살이므로, 31살, 32살, 33살…… 이런 식으로 꿈을 실현하는 시기를 세세하게 나누어 미래 스케줄을 작성합니다. 앞으로 1년 동안 할 수 있는 일을 스케줄 표에 적고 나머지는 다음 해로 넘깁니다.

　앞에서 제 꿈이 모두 이루어진 이유가 다른 사람들보다 구체적으로 꿈을 적었기 때문이라고 말했습니다. 그런데 그 외에도 또 하나의 비결이 있습니다. 바로 1년간의 스케줄을 모두 적어두는 것입니다. 가령 해외에 가고 싶은 경우라면 어디로 갈지 대략이라도 정해둡니다. 그것만으로도 실제로 이루어질 때가 많습니다. 2015년에는 해피 신데렐라 클럽 페이스북 페이지에 "5월 말레이시아, 6월 태국, 10월 니스, 모나코, 파리, 런던 오리엔트 급행 열차, 2016년 3월 베벌리힐스로 투어를 떠납니다. 투어 중 파티를 엽니다. SNS 활용 강좌도 추가했습니다"라고 간단히 스케줄을 적어 올렸습니다. 그리고 예정대로 모두 이루었습니다.

여러분도 1년간의 미래 스케줄을 짜보세요. 스케줄을 짤 때는 큼직한 일정을 먼저 적어야 합니다. 예를 들어 여행이나 업무, 이벤트, 기념일 등을 써넣은 다음 하루하루의 일정을 채워나갑니다. 하루하루의 일정에 쫓기다가 우선순위를 잊어버린다면 그야말로 앞뒤가 바뀐 것입니다. 그러면 연습을 간단히 해보겠습니다.

꿈이 이루어졌을 때의 기분을 느껴보는 간단한 연습

먼저 여러분의 꿈(하고 싶은 일)을 포스트잇 1장당 1개씩 적어보세요. 다 적었으면 여러분의 나이에 1~15년을 더한 나이를 적은 종이를 준비합니다.

이제 먼저 준비해둔 포스트잇을 나이가 적힌 종이에 붙일 차례입니다. 그 꿈이 몇 살에 이뤄질지 5초 안에 머릿속에 떠오르는 대로 붙여나갑니다. 어렵게 느껴진다면, 가령 '멋진 성에서 결혼식을 올린다'는 꿈은 '30~35세'라는 식으로 5년 단위로 잘라서 대략적으로 정해도 좋습니다.

그다음에는 올해와 내년의 꿈이 몇 월에 이뤄질지를 정해갑니다.

포스트잇에 적어두면, 자유롭게 뗐다 붙였다 할 수 있으므로 편리합니다. 또한 시각적으로도 '이뤄야 할 꿈'을 확인할 수 있습니다.

저의 경우에는 스케줄 표에 큼직한 일정을 먼저 적어 넣고, 그 사이에 작은 일정을 적어나갑니다. 정원에 돌을 놓을 때처럼 큰 돌부터 자리를 잡고 작은 돌로 틈을 메워나가는 식으로 스케줄을 짜보세요.

미래의 연간 스케줄

	여행	일	취미	가족·친구
1월	두바이	A사 프레젠테이션	다이빙	가족 여행
2월	홍콩 디즈니랜드	B사 강연회		부부 여행
3월		A사 기획 시작	골프 투어	J씨 송별회
4월	오키나와	C씨, D씨와 협업	다이빙	여성 모임
5월		신규 사업 개시	꽃꽂이	중학교 동창회

월	여행	일	취미	가족·친구
6월	말레이시아	E사 연락	꽃꽂이	K씨 결혼식
7월	홍콩	E사 프레젠테이션	영어 회화	피서 겸 회식
8월	피지	B사 강연회	다이빙	부부 여행
9월		E사 이벤트 실시	마라톤 준비	
10월	파리	F씨, G씨와 협업	미술관	부모님과 여행
11월		H사 프레젠테이션	영어 회화	대학교 동창회
12월	NY 카운트다운	해외 강연	미술관	가족 여행
1월	호놀룰루 마라톤	H사 이벤트 실시	마라톤	가족 여행
2월		B사 강연회		
3월			골프 투어	

미래 스케줄

나이	월	여행	일	취미	가족·친구
	1월	두바이	A사 프레젠테이션	다이빙 자격증 취득	가족 여행
	2월	홍콩 디즈니랜드	B사와 제휴		
30	3월		A사 기획 시작	골프 대회 출전	
	4월	오키나와	C씨, D씨와 협업	다이빙	여성 모임
	5월		신규 사업 개시	꽃꽂이 자격증 취득	중학교 동창회

30	6월	말레이시아	E사 연락		K씨 결혼식
	7월	홍콩		영어 회화 교실 다니기	피서 회식
	8월	피지	E사 이벤트 실시	다이빙	동아리 동창회
31	9월		F씨, G씨와 협업	마라톤 준비	
	10월	파리		미술관	부모님과 여행
	11월		H사 프레젠테이션	영어 회화 교실 레벨 업	결혼식
	12월	NY 카운트다운	해외 강연	미술관	신혼여행
	1월	호놀룰루 마라톤	H사 이벤트 실시	마라톤 완주	가족 여행
	2월		학교 운영 개시		
	3월			골프 투어	
	4월				

꿈이 이뤄지는 시기를 정해보세요!

포스트잇에 꿈을 하나하나 적은 뒤
그 꿈을 몇 살에 이루게 될지
5초 내에 직감으로 결정한 다음 붙여보세요.

큼직한 일정을 먼저 정하고 나서
그 사이를 작은 일정으로 메워나가세요.

그렇게 하면 시기뿐만 아니라 그 꿈을 이루기 위해 비용이 얼마나 드는지도 알 수 있습니다. 여행을 가려고 할 때는 여기에는 200만 원이 들고, 저기에는 500만 원이 든다는 등 예산을 짤 수 있고, 파티를 기획하는 경우라면 여유 있게 계산해도 1,000만 원이 든다거나 하는 식으로 필요한 비용을 대략 예상할 수 있습니다. 만약 그 비용을 마련할 수 있다면 아무런 문제가 없지만, 현재 시점에서 부족하다면 '돈을 벌려면 어떻게 해야 할까'를 생각하게 됩니다.

사람은 무언가 명확한 이유나 동기가 없으면 돈을 벌려고 하지 않습니다. 꿈도 명확하지 않으면 실현할 비용도, 시기도, 방법도 알 수 없습니다. 모든 것이 지나치게 막연하면 꿈은 이루어지지 않습니다.

모든 것은 '꿈 → 목표 → 계획 → 행동 → 결과'의 순서를 밟습니다. 그래서 스케줄(계획)을 정하는 일이 매우 중요합니다. 스케줄을 정하지 않고 일단 닥치는 대로 하자는 생각으로는 꿈을 이루기 어렵습니다.

해피 신데렐라 클럽에서는 회원이나 신규 참가자들을 위해 연간 스케줄을 인터넷에 공개하고 있습니다. 가령 "저희는 여행 커뮤니티로, 현재 구체적으로 정해진 일정은 없지만 베벌리힐스와 ○○에 갈 예정입니다"라는 글만 올려둔다면 참가자들이 비용을 마련하거나 휴가를 잡을 수 없습니다. 하지만 스케줄을 어느 정도 정해서 공지하면 참가자들도 몇 월 며칠까지는 돈을 모은다거나 휴가를 낸다거나 하는 식으로 미리 준비할 수 있습니다.

여러분도 자신의 미래 스케줄 표를 꼭 만들어보세요. 그렇게 하면 반드시 실제로 이루어집니다. 매년 그렇게 해나가다 보면 1년 뒤의 꿈을 위해 무엇을 해야 하는지를 알 수 있고, 포스트잇을 사용하면 다른 것으로 바꿔 붙일 수도 있으므로 몇 년이 지난 뒤라도 실현할 수 있습니다. 참고로 저는 작년에 짜놓은 일정을 그대로 실현했고, 올해도 스케줄 표를 만들었습니다. 상황에 따라 스케줄을 변경해야 할 때도 있지만 대개는 원래 정했던 대로 이루어집니다.

꿈 리스트로 내가 정말 하고 싶은 일, 즉 중심축을 발견할 수 있다

'이루고 싶은 꿈 100가지 리스트'를 보면 그 사람의 '축'을 발견할 수 있습니다. 리스트에 여행과 관련된 꿈이 많으면 내가 정말 여행을 가고 싶어 한다는 사실을 알게 됩니다. 만약 직장인이라면 '내 평생 그곳을 여행할 수 있을까?'라고 생각하는 사람도 많겠지요. 그런데 지금 받는 월급이나 휴가로는 갈 수 없는 상황이라면 현재 일하는 방식을 바꿔야 합니다. 그것을 깨닫고 여행을 하면서 일하거나 돈 버는 방법을 찾고 싶어서 제가 여는 세미나에 참가하는 사람도 있습니다. 그리고 그중에는 O링 테스트를 했을 때 결혼하고 싶은 마음이 강한 사람도 있습니다. 머리로는 돈을 벌고 싶다고 생각하지만, 사실은 결혼하고 싶어 하는 사람은 O링 테스트를 해보면 진짜 자기 마음을 알 수 있습니다. 그런 경우에 저는 결혼 전문가를 소개해줍니다.

하고 싶은 일이 있는데 지금 당장 돈이 없거나 부족할 때는 돈을 벌거나 불리는 방법을 찾으면 됩니다. 또 평범한 직장인이 평생 일해서 버는 수입 20억 원으로 충분히 이룰 수 있는 꿈이라면 회사를 그만두지 않아도 됩니다. 다만 그런 결정을 하려면 우선 꿈을 이루는 데 얼마만큼의 돈이 드는지 구체적으로 알아야 합니다. 그러면 누구나 꿈을 실현하기 위해 필요한 행동을 하게 될 것입니다. 만약 이루고 싶은 꿈이 무엇인지 모를 때는 '머릿속 옷장'을 넓히기 위해 다시 책방으로 갑니다.

제가 작성한 '이루고 싶은 꿈 100가지 리스트'에는 해외로 여행을 가는 항목이 가장 많았습니다. 그리고 돈으로 살 수 있는 꿈이 많았습니다. 29살 때 리스트를 체크해보면서 이대로라면 시간이 지나도 꿈을 이룰 수 없을 거라고 생각했고, 일하는 방식을 바꿔보기로 했습니다. 그러자 실적이 올랐고, 처음으로 세미나도 열었습니다. 자신감도 붙었습니다.

마침내 '책 출간하기'의 꿈도 이루었습니다. 오래전부터 책을 내고 싶었지만 내가 세상에 제공할 수 있는 것이 하나도 없다고 생각했습니다. 하지만 지금은 다릅니다. 세상에 전달하고 싶은 것이 너무나 많습니다.

하고 싶은 일이 뭔지 모르고, 현실을 모르면 '놀이공원식 꿈'이 된다

앞에서 여러분의 꿈은 지나치게 추상적이므로 구체적으로 정해야 한다고 했습니다. 여기서 또 하나 주의할 점은 '놀이공원식 꿈'이 되어서는 안 된다는 것입니다. 무슨 말이냐 하면 '회전목마도 타고 싶고, 제트 코스터도 타고 싶다'는 식으로 여러 가지 하고 싶은 일이 섞여 있다는 뜻입니다. 가령 간호사로 일하는 사람이 헤어 메이크업 아티스트도 되고 싶고, 컬러 테라피스트도 되고 싶고, 아나운서도 되고 싶어 한다면 어떨까요?

하나의 취미를 전문가 수준으로 발전시키려면 물리적인 시간이 필요합니다. 미용사 같은 전문직일수록 더 많은 시간을 투자해야 합니다. 한 분야의 전문가가 되어 직업으로 삼기까지 10년이라는 시간이 걸린다고 한다면 2~3가지 직업을 동시에 가지기는 불가능합니다. 자신이 하고 싶은 일을 조사하고 공부하다 보면 당연히 이런 현실에 직면하게 됩니다.

무엇보다 막연히 이것저것 다 해보고 싶은 생각이 드는 이유는 정말로 자기가 하고 싶은 일을 찾지 못했기 때문이기도 합니다. 결국 하고 싶은 일이 무엇인지 잘 모르는 사람들은 '놀이공원식 꿈'을 갖게 됩니다.

사실 이런 사람들은 대개가 직장 여성입니다. "나쓰키 씨처럼 되고 싶은데 결혼도 하고 싶어요." 이렇게 완전히 반대되는 이야기를 하는 사람도 있습니다. 가령 낮에는 간호사로, 밤에는 헤어 메이크업 아티스트로 일하는 건 거의 불가능합니다. 간호사로 일하며 아르바이트를 하는 정도라면 몰라도 고된 노동을 마친 뒤, 또 다른 노동을 한다면 개인 시간을 제대로 갖지 못할뿐더러 몸도 상하고 맙니다. 그러므로 본업 외에 부업으로 주식이나 부동산 투자를 한다거나 수입원을 하나 더 늘리는 등 좀 더 현실적인 방법을 찾는 것이 좋습니다.

참고로 제가 하고 있는 7가지 일들은 대개가 인터넷상에서 이루어진다고 해도 과언이 아닙니다. 컨설팅, 사업 지원, 세미나 공지 등도 모두 인터넷을 통해 하고 있습니다. 홈페이지나 블로그, SNS 등 온라인 플랫폼을 활용하는 방법을 익혀두면 여러 업종이나 분야에 적용할 수 있는 자신의 경험이나 지식, 기술, 상품 등의 콘텐츠를 제공할 수 있습니다. 그 덕분에 제가 7가지 일을 병행해나갈 수 있는 것입니다. 노동 후에 또 추가로 노동을 하는 것은 나이가 들수록 체력적으로 더 힘들어집니다. 그러므로 돈이 일하게 하는 시스템을 여러 개 갖추는 것이 무엇보다 중요합니다.

꿈에 한 걸음 더 다가가기 위해 나의 롤 모델을 찾아보자

다음으로 꿈에 한 걸음 더 다가갈 수 있는 방법을 알려드리겠습니다. 바로 닮고 싶은 '롤 모델'을 발견하는 것입니다. 만약 자신의 꿈 리스트에 여행 관련 항목이 많다면 자유롭게 여행하며 일하는 사람이 누가 있는지를 먼저 찾아봐야 합니다. 만약 헤어 메이크업 아티스트가 되고 싶다면 그 분야에서 앞으로 자신이 가려는 방향과 딱 맞는 사람이 누군지를 찾아봅니다. 대개 롤 모델은 3명 정도가 좋습니다.

제 경우에는 저자 중에서는 『부자와 결혼하는 방법』(매거진하우스, 2009)의 아시사와 다미 씨, 생활 양식은 의류 브랜드 'FOXEY'의 오너이자 디자이너인 마에다 노리코 씨, 사진 찍는 포즈 관련해서는 전 모델이자 사업가 기미지마 도와코 씨(재작년에는 모델 미란다 커였습니다)를 롤 모델로 정했습니다. 롤 모델은 매년 바꾸어도 상관없고, 비즈니스는 A씨, 개인 생활은 B씨, 사진 포즈는 C씨와 같이 분야별로 정해도 좋습니다.

'나의 이상을 명확히 하고 그것에 가깝게 생활하는 사람을 발견한다. 그리고 그 사람의 삶의 방식과 말이나 행동을 그대로 따라 해본다.' 물론 누군가를 똑같이 따라 하기가 꺼려지는 사람도 있겠지요. 하지만 스스로 처음부터 새로 무언가를 만들거나 생각하는 데는 한계가 있습니다. 처음에는 롤 모델을 그대로 따라 하는 것부터 시작해서 어느 시점부터는 나만의 삶의 방식을 만들어나가길 바랍니다.

그 분야의 최고를 만나 '이 사람이다!'라는 생각이 들면 행동에 옮기자

롤 모델을 정하는 일도 중요하지만, 가장 좋은 방법은 그 분야의 최고 전문가를 찾아가 조언과 가르침을 얻는 것입니다. 그런 대단한 사람은 어떻게 하면 만날 수 있을까요? 제가 그

방법을 특별히 가르쳐드리겠습니다

지금은 페이스북에서 누구든 찾을 수 있는 시대이므로 우선 페이스북에서 찾아봅니다. 유명한 사람일수록 수많은 사람과 관계를 맺고 있습니다. 따라서 그 사람과 일대일 관계를 맺으려면 꽤 어려운 면접을 거쳐야만 합니다.

만약 '이 사람이다!'라는 생각이 드는 인물을 찾았다면 일단 그 사람이 개최하는 세미나나 이벤트에 참가합니다. 그런 행사가 끝나고 난 뒤에는 뒤풀이가 열리는 경우가 많은데, 2차, 3차로 이어지기도 합니다. 뒤풀이는 본행사보다 중요합니다. 꼭 3차까지 함께하시길 바랍니다.

세미나에 50명이 왔다면, 뒤풀이에 보통 30명이 참여하고, 2차에는 10명, 3차에는 5명, 이런 식으로 인원이 꽤 줄어듭니다. 이때가 기회입니다. 여기서 "오늘 좋은 말씀 잘 들었습니다"라고 감사의 인사를 건네며 자신을 소개하면 됩니다. 그때 '오호, 이 사람 괜찮은데!'라고 감탄할 만큼 세상에서 가장 멋진 자기소개를 해보세요. 멋진 자기소개는 상대방의 기억에 더 쉽고 특별하게 남습니다.

자기소개는 '안녕하세요'라는 인사만큼이나 일상적으로

하게 되는데요. 그러므로 3분 버전과 30초 버전을 미리 만들어두고 꾸준히 연습해야 합니다. 혼자서 연습한다면 휴대전화의 음성 메모를 이용해서 녹음하고 들어보기를 반복하는 방법도 좋습니다. 누가 들어도 멋지다고 느낄 만한 자기소개를 만들어보세요.

1장에서 말했다시피 저는 학생 시절에는 홀로그램 박을 입힌 종이로 명함을 만들었습니다. 나아가 회사 면접을 볼 때는 A4 용지에 자기소개를 적어 간 적도 있습니다. 유명한 사람을 만나자고 마음먹었다면, 직접 만날 때든 메시지를 보낼 때든 늘 오디션을 본다는 각오로 나의 장점과 매력을 최대한 어필해야 합니다.

그 사람과 더 가까워지려면 행운을 부르는 '선물의 마법'을 이용하는 것도 효과적입니다. 그 사람은 몇억 원씩 써가며 지금의 지식을 자기 것으로 만들었을지도 모릅니다. 그것을 공짜로 달라는 말을 듣고 기분 좋을 사람은 없습니다. 그런 뻔뻔한 사람에게는 시간을 내주고 싶은 마음이 들지 않을 것입니다.

이럴 때 물건이나, 정보, 행동을 선물하면 효과적입니다.

과자 같은 작은 선물이라도 상관없습니다. 선물을 살 돈이 없다면 제가 대부호의 제자가 되었을 때처럼 청소든 뭐든 할 수 있는 일을 하면 됩니다. 누구나 자신에게 무언가를 해주려는 사람에게는 호감을 느끼게 마련입니다.

능력 있는 사람, 성공하는 사람이 입을 모아 하는 말이 있습니다. 바로 "제가 도와드릴 일은 없을까요?"라고 묻는 것입니다. 성공한 사람에게는 상대방에게 먼저 무언가를 준다는 공통점이 있습니다. 만약 상대방에게 무엇이 필요한지 알 수 없다면 물어보면 됩니다. "제가 도울 일은 없을까요?"라는 말을 듣고서 기분 나빠할 사람은 없습니다.

제자로 받아 달라고 말한다고 해서 다 받아들여지는 것이 아닙니다. 자신이 할 수 있는 일을 찾아서 먼저 상대방에게 해주어야 노하우를 배울 수 있습니다. 앞에서도 말했다시피 저는 청소를 하고 주먹밥도 만들며 진심을 전했기 때문에 대부호에게 여러 가지를 배울 수 있었습니다. 그런데 주변을 둘러보면 그런 당연한 사실을 알지 못하는 사람이 많은 듯합니다. 받는 것을 당연하게 여기는 뻔뻔한 사람은 누구에게든 호감을 얻기 어렵습니다. 상대방 역시 '시간을 빼앗긴다'기보다 '나도 무언가를 받는다'는 생각이 들면 흔쾌히 가르쳐 줄 것입니다.

여기서 바로 '시간은 돈'이라는 사실을 꼭 기억해두세요. 상대방이 나를 위해 내어준 시간은 곧 상대방에게 받은 시간입니다. 그것을 시급으로 계산해보면 엄청난 금액인 경우도 있습니다. 상대방의 시간을 받았다면 감사의 마음도 잊지 말고 전하세요.

---

step 2. 요점 정리

- '머릿속 옷장'을 넓힌다.
- 꿈을 구체화한다.
- 꿈이 이뤄지는 시기를 정한다.
- 최고 전문가에게 배운다.

5장

최고의 신데렐라 스토리를
써나가는 4가지 과정

step 3. 나의 콘셉트와 고객 이미지를 명확히 한다

step 3.
나의 콘셉트와
고객 이미지를 명확히 한다

나의 성공 패턴, 잘하는 일, 오랫동안 해온 일을 적어본다

앞으로 나아갈 방향이 정해졌다면 과거를 되짚어보면서 나의 '성공 패턴'을 발견해보세요. 예를 들어, 일을 할 때도 '나의 강점은 이것, 이런 식으로 하면 잘 풀리거나 좋은 평가를 받는다'는 성공 패턴이 있기 마련입니다. 나의 강점을 잘 모르겠다면 주변 사람에게 물어보는 것이 가장 좋습니다.

일과 관련해 가깝게 지내는 몇몇 사람에게 "제가 잘하는 일이나 남보다 뛰어난 점이 뭐라고 생각하세요?"라고 물어보세요. 이것은 나의 강점을 발견하는 마법의 질문입니다. 상대방의 답변은 곧 다른 사람이 당신을 굉장하다고 평가하는 부분입니다. 대략 5명에게 물어보면 겹치는 대답이 있을 것입니다.

가능하다면 태어났을 때부터 초등학교, 중학교, 고등학교, 대학교, 사회인 등 시기를 나눠서 물어보세요. 어린 시절의 강점은 부모님에게 물어보세요. 어떤 것을 잘했는지 물어보고, 반대로 잘하지 못한 것도 물어보면 좋습니다. 그런 식으로 내가 무엇을 잘하고 어떤 강점을 가졌는지를 발견하면 그것을 잘 살릴 수 있는 분야를 정할 수 있고, 목표를 향해 순조롭게 나아가게 됩니다.

그러나 때로는 나의 강점이 하고 싶은 일과 맞지 않는 경우도 있습니다. "나쓰키 씨처럼 나도 내 인생의 주인공으로 살아가고 싶어요." 이런 말을 종종 듣게 되는데, 무대 앞이 아니라 사실은 무대 뒤쪽이 더 맞는 사람도 있습니다. 그런 사람들은 앞에 나서기를 싫어하지만, 사람들을 한데 잘 어울리게 만드는 장점을 가지고 있습니다.

내가 어디에 더 가까운지를 분석해서 무리하지 않고 즐겁게 지낼 수 있는 쪽을 선택하세요. 핵심은 애써 노력하지 않아도 자연스럽게 그렇게 된다는 것입니다. 왜냐하면 그것이 여러분의 재능이기 때문이죠.

연애를 할 때도 이렇게 했을 때는 잘 됐는데, 저렇게 했을 때는 차였다든가 하는 경험도 있을 것입니다. 또 오랫동안 꾸준히 해온 일이 있다면 그것은 어떤 패턴인지, 반대로 쉽게 포기했다면 무엇이 원인인지를 파악해서 성공 패턴을 적어보시길 바랍니다. 그렇게 해서 내가 잘하는 일이 무엇이고 못하는 일은 무엇인지, 성공 패턴은 무엇인지, 성격은 어떤지 알아두는 편이 좋습니다.

회사에서도 엑셀 프로그램을 능숙하게 다루는 사람이 있고, 남보다 일 처리가 빠른 사람이 있습니다. 그것이 그 사람의 특기 또는 성공 패턴이므로 사무직에 잘 맞는 것입니다. 참고로 저는 사무를 보는 일과는 전혀 맞지 않습니다.

웨이트리스도 적성에 안 맞습니다. 시간을 다투는 일은 저와 잘 안 맞았던 것이죠. 예전에 레스토랑에서 아르바이트를 했을 때는 설거지 담당을 거쳐야 웨이트리스가 될 수 있었는데, 아무리 시간이 흘러도 설거지 담당에서 벗어날 수 없었습니다. 맥도날드 같은 곳도 속도가 관건입니다. 그런 종류의 일은 저와 잘 안 맞았습니다.

'적재적소'라는 말이 있습니다. '나에게 맞지 않는 일은 처음부터 하지 않는다'는 것도 선택지에 두어야 합니다.

중심축이 정해지면 상대방(고객)의 이미지를 명확히 정한다

이 'step 3'은 자기 내면의 중심축을 정한 뒤 창업해서 돈의 자유를 얻고 싶은 사람, 남에게 무언가를 가르쳐주고 싶지만 제공할 만한 것이 없다고 생각하는 사람, 무언가를 하고 있지만 잘 안 풀리는 사람을 위한 단계입니다.

먼저 창업해서 수익을 얻으려면 돈을 지불하는 '고객'이 필요합니다. 이때 고객이 어떤 사람인지 그 이미지를 미리 정해두지 않으면 중심축이 흔들리고 맙니다. 그러므로 고객 이미지를 명확히 하는 과정이 필요합니다. 이때 필요한 것이 '페르소나 시트'입니다. 페르소나는 '가면'이라는 뜻의 심리학 용어로, 여기서는 주요 고객을 대표하는 가상의 인물을 말합니다. 페르소나를 만들 때는 프로필을 상세하게 설정해서 구체적이고 명확한 인물상을 만들어야 합니다. 페르소나

고객 이미지를 명확히 설정하는 페르소나 시트
상세한 프로필을 적어 넣어 이미지를 구체화해보세요

사진	이름	
	주소	
	가족 구성	
	학력	
	회사명	
	업종·업태	
	사업 내용	
	직위	

나이		연 수입	
성별		가처분소득	

중장기 목표	
단기 목표	
어떤 가치관을 지니고 있는가	
일을 대하는 자세·태도	
직면하고 있는 고민·문제	
취미·좋아하는 것	
잘하는 것·기술	
잘 못하는 것·약점	
과거에 구입한 관련 상품은 어떤 것인가	
관련 상품의 사용 상태는 어떠한가	
관련 상품에 만족하는 부분	
관련 상품에 불만족하는 부분	
외모의 특징	
말투·목소리의 특징	
의사 결정 과정의 특징	

시트를 만드는 가장 큰 이유는 고객의 생각과 행동을 이해하고, 그들에게 딱 맞는 정보나 상품, 서비스를 제공하기 위해서입니다.

페르소나 시트는 기업이나 잡지사에서도 필수적으로 만들어 활용합니다. 예를 들어, 〈앙앙anan〉이나 〈25앙스25ans〉 같은 패션 잡지들은 각각 콘셉트가 있는데, 이러한 콘셉트를 만들 때는 반드시 페르소나 시트를 작성합니다. 이들 잡지는 페르소나의 나이, 직업, 거주지, 생활 양식, 성격, 가치관까지 세세하게 설정해서 일관된 스타일을 유지해왔습니다. 이런 페르소나를 만들기 위해서는 세심하고 꾸준한 관리가 필요합니다. 이것이 〈앙앙〉과 〈25앙스〉가 많은 독자들에게 꾸준히 사랑받는 잡지가 된 이유라고 생각합니다.

나의 콘셉트를 명확히 하고, 타깃에 맞춰 브랜딩한다

그에 더해 '나'라는 상품을 팔 때도 콘셉트를 명확히 정해두어야 합니다. 지금 시대에는 "카렌 나쓰키입니다"라고 하는 것만으로는 팔리지 않습니다. 상품도 마찬가지입니다. 과거에는 "물입니다"라고 말하기만 해도 팔렸지만, 지금은

"○○산 지하에서 퍼 올린 △△산産 천연수입니다. 그 역사는……"과 같은 설명이 필요합니다. 에르메스나 샤넬을 예로 들면 알기 쉬운데, 똑같은 가죽 가방이라도 각 브랜드의 역사에서 가치를 느끼는 고객들은 몇 배나 되는 돈을 내고서라도 기꺼이 삽니다. 사람들은 특별한 이야기가 숨어 있는 것을 좋아합니다.

그렇다면 나는 어떤 이야기를 상대방에게 전달할 수 있을까요? 무엇보다 먼저 자신의 콘셉트를 명확히 하는 일이 중요합니다. 제가 롤 모델로 삼은 사람은 스타일리시한 모델로 손꼽히는 미란다 커였습니다. 하지만 이런 콘셉트의 비즈니스를 선점한 사람이 있었기 때문에 새로운 방향으로 눈을 돌려보기로 했습니다. 여러 가지 아이디어를 탐색해 선정하고 검증하는 과정을 거쳐 마침내 '스타일리시'와 '프린세스' 중에서 '프린세스 비즈니스'로 결정했습니다. 여기서 중요한 것이 타깃이 되는 고객입니다.

제일 먼저 프린세스 비즈니스 고객의 페르소나를 만들기로 했습니다. 고객 페르소나의 나이, 직업, 연 수입, 가족 구성부터 평소 습관적으로 하는 말이 있는지, 취미로 무언가를 배우러 다니는지, 어떤 종류의 잡지를 읽는지 등 마치 살아 있는 사람처럼 세세하게 묘사해나갔습니다. 마지막에는 가상의 이름과 사진까지 붙여 넣었습니다.

저는 고객 페르소나를 잊어버리지 않도록 컴퓨터 옆에 붙여두고, 그에 맞춰 페이스북에 글을 올리고, 이벤트 홀을 빌리고, 옷을 골랐습니다. 그리고 '고객에게 제공할 수 있는 것은 무엇인가?', '고객이 좋아할 만한 것은 무엇인가?'를 늘 구체적으로 생각하며 그 사람을 만족시킬 수 있는 일을 해나갔습니다. 반대로 그 고객에게 맞지 않는 일은 하지 않았습니다. 결국 내가 목표로 하는 타깃을 이해하고, 피드백을 듣고, 끊임없이 맞춰나가는 것이 브랜딩입니다.

step 3. 요점 정리

- 성공 패턴을 발견한다.
- '페르소나 시트'로 고객의 이미지를 구체화한다.
- 나의 콘셉트를 명확히 한다.

6장

최고의 신데렐라 스토리를
써나가는 4가지 과정

step 4. 인터넷을 통해 내 강점을 비즈니스로 발전시킨다

step 4.
인터넷을 통해
내 강점을 비즈니스로 발전시킨다

나의 콘셉트에 공감하는 사람들을 어떻게 끌어당길까

확고한 중심축이 정해졌더라도 비즈니스로 발전시킬 수 있는지는 돈을 내주는 고객을 모을 수 있느냐 없느냐에 달렸습니다. 나에게 명확한 콘셉트가 없다면 좀처럼 공감을 끌어내기가 어렵습니다. 콘셉트를 만드는 방법을 잘 모를 때는 에르메스나 샤넬처럼 오랜 세월 사랑받아온 브랜드를 참고하면 좋습니다. 또 인터넷에 '가게 콘셉트'라고 검색해보면 다양한 가게의 수많은 사례를 볼 수 있습니다. 이런 것들을 참고로 명확한 콘셉트를 만들어 어떤 마음으로 이것을 만들었는지를 전달해보세요.

콘셉트는 한눈에 이해할 수 있어야 하고, 사람들의 마음을 한순간에 끌어당길 수 있어야 합니다. 같은 화면을 계속 보고 있을 만큼 한가한 사람은 없습니다. 페이스북의 경우에는 첫 화면이 명함을 대신합니다. 거기에 나의 비즈니스는 한마디로 '이것이다'라는 명확한 설명이 없고, 마음을 사로잡는 캐치프레이즈도 없다면 무엇을 파는 가게인지 전혀 알 수 없습니다.

예를 들어, 자신을 '스타일리스트'라고 소개하면서도 첫 화면을 풍경 사진으로 채운 페이스북 계정이 있다고 해보죠. 그것만으로는 그 사람이 진짜 스타일리스트인지 아닌지도 알 수 없고, 게시물 역시 '친구 공개'로 되어 있다면 친구가 아닌 사람들에게는 보이지 않습니다. 페이스북을 비즈니스 도구로 사용하려면 누가 보더라도 알기 쉬운 콘셉트를 만들어야 합니다. 꿈 리스트를 만들 때와 마찬가지로 '이 사람이라면 이것'이라는 특징을 알 수 있도록 만들어야 합니다.

이 책은 하고 싶은 일을 하면서 돈, 시간, 장소의 자유를 얻는 방법을 알려주는 책이므로, 결혼하는 방법을 알고 싶어서 읽는 사람은 아마 없을 것입니다. 그런데도 결혼하는 방법이 쓰여 있다면 독자들에게 항의가 들어오겠죠? 마찬가지로 결혼하는 방법을 알려주는 책에서 비즈니스 이야기를 하는 것도 이상합니다. 결혼하고 싶은 사람을 위한 책, 돈을 벌고 싶은 사람을 위한 책 등 제각각 명확하게 알 수 있는 콘셉트가 분명히 있습니다.

내가 제공하는 상품이나 정보 등이 페르소나 시트와 꼭 맞아떨어지는 고객에게 전달되고 있는지 확인하는 방법이 있습니다. 바로 다도 모임이나 세미나를 여는 것입니다. 실패라고 말할 정도는 아니어도, 저 역시 당황스러운 경험을 몇 번이나 했습니다.

저는 처음에 '프린세스 레슨'이라는 이름으로 세미나를 열었습니다. 사실 당시에도 사람들에게 비즈니스를 가르쳐 주고 싶었지만, 그런 부분은 전혀 언급하지 않고 단지 '프린세스 레슨'이라고만 써두었던 탓에 비즈니스보다 결혼을 하고 싶어 하는 사람들이 많이 참가했습니다. 애초에 타깃으로 삼았던 고객과는 달랐지만, 그건 그것대로 좋았습니다. 반년 만에 참가자들 중 3명이 결혼에 성공했습니다.

그 후 비즈니스를 시작하고 싶은 사람들을 응원한다는 방향성과 '프린세스'라는 말은 어울리지 않는다고 판단해 '신데렐라'로 이름을 바꿨습니다. 그에 더해 '노트북 한 대로 당신의 자립과 자유를 응원한다'로 콘셉트를 정했습니다. 결과는 대성공이었죠. 노트북 한 대로 일하고 싶은 사람이나 시간이나 장소의 제약에서 벗어나고 싶은 이들이 주로 세미나에 참가했습니다.

결혼을 했든 안 했든 자기 사업을 해서 자립하고 싶어 하는 사람들이 많습니다. 제가 제공하는 것들이 필요한 사람이 많다는 말이죠. 이 경험을 통해 콘셉트를 정하는 일이 무엇보다 중요하다는 사실을 깨달았습니다. 그리고 콘셉트를 명확히 전달하면 그것에 공감하는 사람들을 강하게 끌어당길 수 있다는 것을 알게 되었습니다.

상대방이 무엇을 원하는지 알아차리는 능력이 중요하다

"어떻게 해야 열혈 팬을 만들 수 있나요?" 저는 종종 이런 질문을 받는데, 그럴 때마다 항상 이렇게 대답합니다. "시간과 돈을 투자하면 무언가를 제공해준다는 것을 느끼게 해주어야 합니다."

제공할 수 있는 정보가 많을수록 팬은 늘어납니다. 가령 세미나라면 한 번에 모든 이야기를 쏟아내는 일은 피해야 합니다. 좀 더 듣고 싶고, 아쉬운 마음이 들게 해서 몇 번이고 계속해서 참가하는 팬들을 만들어가는 것이 중요합니다.

또 혼자서 많은 사람을 상대해야 하는 만큼, 모든 사람을 행복하게 만드는 일은 거의 불가능합니다. '20퍼센트의 고객이 80퍼센트의 매출을 책임진다'는 말이 있죠. 그 20퍼센트와의 관계를 소중히 하는 것이 열혈 팬을 만드는 최고의 방법입니다.

열혈 팬이 생긴다는 건 굉장한 일입니다. 예를 들어 "매달 해외여행을 갈 예정이니 꼭 함께해주세요"라고 말하면, 보통은 "매달 가기는 힘들어요"라는 반응이 나오지만, 열혈 팬은 "무슨 일이 있어도 꼭 갈게요!"라고 말해줍니다. 물론 저 역시 팬들의 기대에 어긋나지 않도록 최선을 다합니다.

팬을 늘리는 요령은 영업과 똑같습니다. "저는 ○○ 씨를 정말 좋아해요. ○○ 씨의 콘서트라면 빠짐없이 보러 가요."

이런 말은 단지 나의 취향을 드러내는 것에 불과합니다. 듣는 사람 역시 남의 일로 여길 뿐 여러분의 팬이 되지는 않습니다. 하지만 상대방의 고민에 실질적으로 도움이 되는 제안을 하면 좋은 반응을 얻을 수 있습니다. 즉, '상대방이 무엇을 원하는가'를 파악하는 능력이 필요합니다.

상대방의 불안이나 고민은 무엇인가. 가령 '돈이 좀 더 많으면 행복질 수 있다'고 생각한다면, 돈입니다. 또는 시간이 좀 더 많으면 좋겠다고 생각하는 사람도 있을지 모릅니다. 그런 불안과 고민은 대화를 통해 관계를 형성하다 보면 구체적으로 알 수 있습니다. 그것에 대해 제안할 만한 내용이 몇 가지나 있다면 열렬한 반응을 끌어낼 수 있습니다.

저는 인터넷에 게시물을 올리거나 책을 내면서 꾸준히 팬을 늘려왔습니다. 처음에는 '에스테틱 숍을 운영하는 카렌 나쓰키'라고 소개했는데 문득 이대로는 안 되겠다는 생각이 들었습니다. 저를 만나고자 하는 사람들이 에스테틱 숍으로 직접 찾아와야 하는 상황이 아쉽게 느껴졌기 때문입니다. 많은 사람이 저에 대해 알게 되고 팬이 늘어나는 건 좋은 일이지만, 혼자서 모든 사람을 상대할 수는 없습니다.

그래서 더 많은 사람에게 실질적으로 도움이 되고자 인터넷을 통해 여러 제안을 하기 시작했고 점차 활동 영역을 넓혀나갔습니다. 그 결과, 앞에서도 말했다시피 에스테틱 숍 운영 외에도 컨설팅, 사업 지원, 세미나, 강좌, 이벤트, 해피신데렐라 클럽 등 7가지 일을 하게 되었습니다. 거기서 사람들을 서로 이어주거나 활동 환경을 마련해주는 등 다양한 방식으로 그들을 지원하면서 팬이 되어준 사람들이 마음껏 활약할 수 있도록 뒷받침하고 있습니다.

미래의 내 모습을 인터넷에 공개하면 이루어진다

우주에 꿈을 주문하면 이루어집니다. 카탈로그를 넘기며 이런저런 물건을 주문하듯, 우주를 향해 자신의 꿈을 주문하면 그 꿈이 모두 이루어진다는 것이죠. 제게는 SNS를 포함한 인터넷이 '우주' 같은 공간입니다.

저는 지금까지 블로그나 페이스북 등을 통해 많은 꿈을 이루어왔습니다. 방법은 간단합니다. 지금은 아직 그런 사람이 되지 못했지만 '미래의 나는 이렇다'라는 방향성을 인터넷에 공개하는 것입니다. 그렇게 하면 그대로 이루어집니다.

'미래의 나'라고 해서 지금과 너무 동떨어진 이야기를 해서는 안 됩니다. 저는 에스테틱 숍을 운영하지만, '여행' 하면 저를 떠올릴 수 있게 브랜딩하고 싶었기 때문에 여행 사진을 인터넷에 자주 올렸습니다. 그 결과, 여행을 하며 일하는 삶을 실현하게 되었습니다. 만약 지금은 직장인이지만 '노트북 한 대로 일을 한다'가 미래에 이루고 싶은 내 모습이라면, 이미 그렇게 된 것처럼 생각하고 행동하며 '미래의 나'를 알려 나가면 됩니다.

더욱이 어떤 사람이 한 분야와 관련해서 10개 정도의 글을 쓰면 사회에서는 그 사람을 그 분야의 전문가로 생각하는 경향이 있습니다. 그러므로 부업에 관한 게시물을 10개 정도 쓰면 막 활동하기 시작한 경우라도 전문가로 인정받을 수 있습니다.

저는 지금도 블로그나 페이스북에 꿈을 적습니다. 예를 들어, 출간 제의가 들어오기 훨씬 전부터 마치 이미 그렇게 결정된 듯 "책이 나오는 날에는 출간 기념 파티를 ○월에 ○○에서 하고 싶다"라고 썼습니다. 페이스북의 '나쓰키NATSUKI 가능성의 문'이라는 비공개 커뮤니티에 쓴 글이었는데, 그것을 읽은 사람들은 출간이 결정된 줄 알고 축하한다며 응원해주었습니다. 그 바람은 지금 현실로 이루어졌습니다.

비교적 돈에 관심이 많은 오사카 사람들은 주변에 창업한 사람이 있으면 "요즘 벌이가 어때?"라고 자주 묻습니다. 대개는 "뭐, 그저 그래"라고 대답하는데, 그 말을 들은 상대방은 '역시 뭔가 잘 안 풀리나 보네. 단숨에 큰돈을 벌기는 어렵겠지. 조금은 안심이 되는걸'이라고 생각할지 모릅니다. "그저 그렇다"라고 말해서는 돈을 벌 수 없습니다. '그저 그런' 상태가 계속 이어질 뿐입니다. 그럴 때도 미래의 일을 이미 이루어진 것처럼 말해야 합니다. 거짓말을 해서도 안 되지만, 입버릇이나 말투를 바꾸지 않으면 결코 잘될 수 없습니다.

20대 초반에는 '월수입 2,000만 원, 고맙습니다'라고 A4용지에 써서 침실 벽에 붙여두었습니다. 아침에 일어나면 일부러 보려 하지 않아도 한눈에 들어오기 때문에 행복한 하루를 시작하는 느낌으로 매일 같이 읽었습니다. 그러는 사이에 또 "요즘 벌이가 어때?"라는 질문을 받았고, "지금은 월수입 2,000만 원을 목표로 하고 있어"라고 대답했습니다. 목표로 하고 있는 것은 사실이므로 거짓말이 아닙니다. 그렇게 말하면 상대방은 멋대로 현재 1,000만 원은 벌 것이라고 생각해버립니다. 보통은 1,000만 원을 벌지 못할 때 "월수입 1,000만 원을 목표로 하고 있어"라고 말하기 때문이죠. 이처럼 사람들이 그렇게 생각하게 만드는 것은 무척 중요합니다. 왜냐하면 그것도 브랜딩의 하나이기 때문입니다.

　말투를 바꾸거나 종이에 이루고 싶은 목표를 적어 반복해서 말해보세요. 그 말을 들은 상대방은 그것이 이미 이루어진 일이라고 생각합니다. 그리고 그 말은 실제로 이루어집니다.

마음속으로 이미지를 떠올릴 수 있는 목표는 실현 가능하다

반드시 그렇게 된다고 생각하고 행동하면 현실이 됩니다. 2015년 12월에 개최한 이벤트는 오사카시 중앙공회당의 500명이 들어가는 아주 넓은 홀을 무작정 빌리면서 시작되었습니다. 예전에 베스트셀러 작가 아사미 호호코 씨가 이 중앙공회당의 또 다른 커다란 홀에서 강연회를 연 적이 있습니다. 그것을 보며 '언젠가 나도 책을 출간하게 되면 중앙공회당에서 1,000명이 참가하는 파티를 열고 싶어. 그래도 아직은 무리겠지? 세미나도 열어보지 못했으니까'라고 생각했습

니다. 이벤트를 열기 1년 전쯤의 일이었습니다.

그 후 어떤 분의 출간 파티에 참여했는데 300명가량이 홀에 모였습니다. 그리고 강연이 시작되자 '이런 내용이라면 나도 이야기해보고 싶어', '중앙공회당에 갈 수 있겠어!'라는 생각이 들었습니다.

저는 생각이 떠오르면 일단 조사부터 시작합니다. 그날 바로 중앙공회당에 문의했고, 홀을 빌리는 비용이 생각보다 비싸지 않다는 것을 알게 되었습니다. 리츠칼튼호텔의 스위트룸은 때에 따라서는 800만 원이나 되는 큰돈이 들기도 해서 손님이 오지 않을까 봐 불안하겠지만, 중앙공회당이라면 비교적 부담 없이 빌릴 수 있습니다. 비용도 크게 들지 않고, 더구나 500명이나 들어갈 수 있다니 더할 나위가 없었습니다. 무엇을 할지 정해진 것은 없었지만 일단 그곳을 빌렸고, 내용은 그 이후에 정했습니다.

어쨌든 제일 먼저 페이스북에 "중앙공회당에서 무언가를 할 예정입니다"라고 글을 올렸습니다. "○월 ○일은 시간을 비워두세요(무엇을 할지는 미정입니다)"라고 썼을 뿐인데도 모두가 뭔가 이벤트가 있을 것이라 생각하며 당연하다는 듯

그날을 위해 준비합니다. 이것이 바로 꿈을 현실로 만드는 '기대감 높이기의 법칙'입니다.

연애도 마찬가지입니다. 상대방이 '혹시 그녀가 나를 좋아하는 게 아닐까' 하고 기대하게 만들면 다음 단계로 진전되기도 합니다. 기대감을 높이는 것, 즉 상대방에게 비전을 보여주는 일은 비즈니스에서도 매우 중요합니다. 먼저 그렇게 한 이후에 실제 행동으로 옮깁니다. 처음에는 꿈에 불과했어도 실제로 그것이 이루어졌을 때는 더는 꿈이 아니게 됩니다. 줄곧 이야기해온 꿈을 이룬 순간 실적이 됩니다. 돌이켜 생각해보면, 저는 기대감 높이기의 법칙을 늘 실천해왔습니다.

마음속으로 이미지를 떠올릴 수 있는 꿈은 반드시 실현됩니다. 꿈이 현실로 이뤄지지 않았다면, 그것은 '잘 안 되면 어쩌지?'라든가 '정말 내가 할 수 있을까?'라는 생각 때문입니다. 그럴 때는 구체적인 이미지를 떠올릴 수 있는 재료를 찾아야 합니다. 방법은 의외로 쉽습니다. 실제로 누군가의 강연회에 가거나 직접 만나러 간 다음, 이미지가 만들어지면 '나라면 이렇게 할 거야'라고 생각하게 됩니다. 이미지가 명

매월 1~2회 해외 생활. 우유니 소금 호수, 마추픽추, 오로라, 유럽 선박 여행, 전 세계를 배를 타고 여행한다.

2016년 3월 베벌리힐스의 집(40억) 보러 가기

Luxury
life style

하와이 리스팅든 레지던스 구입

NATSUKI KAREN 2016
신데렐라 스토리

'2016년에는 이렇게 된다'고 미래를 예측해서 만든 저자의 이미지 북(제목은 '신데렐라 스토리'). 그해에 꼭 해보고 싶은 일들의 사진(또는 이미지)을 찾고, 스토리가 전개되는 것처럼 그 사진들을 붙인 책을 만들어 꿈의 실현 속도를 높인다.

확해지면 모두 실현될 수 있습니다.

자신의 생각이나 미래 예상도를 SNS를 통해 알리는 일은 꿈을 이루는 최고의 방법입니다. 저는 그것을 '미래 게시물'이라고 부릅니다. 더구나 SNS를 통하면 전 세계로 전달할 수 있습니다. 수많은 사람에게 직접 말하는 것과 똑같은 효과가 있으므로 한층 더 꿈을 이루기 쉬워집니다.

제가 미래 예상도에 적은 꿈은 모두 이루어졌습니다. '생각대로 안 되면 어쩌지'라거나 '주변에 다 알렸는데 못 하게 되면 창피할 거야'라고 생각한다면 사람들에게 자신의 꿈을 이야기하기가 꺼려지겠죠. 그래도 계속 이야기해야 합니다. 그리고 하고 싶은 일을 사진이나 동영상 등 구체적인 이미지를 통해 세상에 알려야 꿈이 실현됩니다.

SNS를 내가 어떤 사람인지를 알리는 광고 미디어로 키운다

'나'라는 상품을 팔 것인가, 타인의 상품을 팔 것인가. 어느 쪽이든 페이스북이나 블로그는 사용료가 들지 않으므로 마음껏 활용하시길 바랍니다. 그런데 페이스북 같은 경우 단순히 화면만 봐서는 어떤 사람이 돈에게 사랑받고 있는지, 어떤 사

람이 일기처럼 일상을 기록하고 있는지 알 수 없습니다.

페이스북은 기본적으로 배경을 바꿀 수 없습니다. 돈을 잘 버는 사람의 페이지는 반짝반짝 빛이 나서 알아볼 수 있다거나 자기 것만 핑크색으로 배경을 바꾸거나 하는 일은 불가능하므로 어떤 사람이든 페이지의 형태가 똑같습니다. 따라서 글과 사진과 영상, 이 3가지로 나를 보여주는 수밖에 없습니다.

그러면 어디에서 차이를 만들어내야 할까요? 가장 손쉬운 방법은 멋지게 연출된 사진이나 나만의 스타일과 세계관을 무너뜨리지 않는 사진을 선별해서 올리는 것입니다. 페이스북은 무료로 사용할 수 있을뿐더러, 잘만 활용하면 돈을 만들어내는 도구가 됩니다. 그러므로 어떻게 활용하는지 방법을 잘 알고 있는 전문가에게 배워야 합니다.

어느 연예인 부부는 블로그에서 자신들의 이름을 걸고 아동복 브랜드를 광고해주면서 한 달에 5천만 원에서 1억 원 정도를 벌어들인다고 합니다. 그 아동복 브랜드는 광고를 기획할 때부터 부부의 블로그와 구글이나 야후 같은 대형 포털 사이트를 두고 어느 쪽이 비용 대비 효과가 큰지 검토할 것입니다. 개인 블로그 또한 지금은 어엿한 하나의 미디어이므로, 만약 부부가 광고해주는 편이 효과가 좋고 비용도 적게 든다면 당연히 부부에게 맡기겠죠. 이처럼 페이스북도 잘 키워나가면 좋은 광고 미디어가 될 수 있습니다.

제가 "노트북 한 대로 할 수 있는 일은 이것입니다"라고 제안하면 꽤 잘 먹힙니다. 이미 '노트북 한 대로 일하는 사람'으로 브랜딩되어 있기 때문입니다. 그러나 만약 평범한 직장인 여성이 지금까지 매일 페이스북에 일상적인 이야기만 올리다가 갑자기 '노트북 한 대로 하는 일은 이것'이라는 말을 꺼낸다면, 사람들은 왜 갑자기 이런 이야기를 하는지 의아해할 것입니다.

'무엇을 어떻게 제공한다'라는 콘셉트만 명확하면, 그것을 원하는 사람들이 찾아와주기 때문에 그들에게 맞는 상품을 제안할 수 있습니다. 그렇다고 당장 상품을 팔려고 해서는 안 됩니다. 정보든 동영상이든 조언이든 무언가를 제공하거나 내가 어떤 사람인지 충분히 알리는 것이 먼저입니다. 그래야만 비로소 고객은 사고 싶은 마음이 듭니다. 사람들과 관계를 형성하고 자기 자신이나 상품을 팔 수 있을 만큼 SNS

를 키워나가려면 인기 있는 SNS를 연구하거나 공부 모임에 참가해서 노하우를 배워야 합니다. 이런 노력을 통해 여러분의 SNS를 내가 어떤 사람인지, 어떤 생각을 하는지, 어떤 비전이 있는지를 잘 전달할 수 있는 매체로 키워나가보세요.

오프라인보다 인터넷에 가게를 차리는 것이 유리하다

홈페이지나 블로그는 인터넷 세상의 '가게'와 같은 존재입니다. 저는 에스테틱 숍을 시작했을 때 영업장소를 빌리고 에스테틱 기재를 사는 데 점포 하나당 4,000만 원이라는 돈을 썼습니다. 이처럼 오프라인 매장을 열 때는 넓은 공간을 마련하고 실내를 장식하기 위해 공을 들인다면 3억 원이 넘는 큰돈이 들기도 합니다. 하지만 그 가게가 성공할지는 실제로 운영해보지 않으면 알 수 없습니다. 정말 훌륭한 팬케이크 가게를 열었다 해도 홍보를 하지 않으면 그런 가게가 있는지도 모르기 때문에 아무도 찾아오지 않습니다.

그런데 인터넷의 경우에는 가게를 대신하는 홈페이지나 블로그를 무료로 이용할 수 있고, 24시간 영업을 할 수 있습니다. 또한 상권이 정해져 있지 않고, 전 세계에 고객이 있습니다. 더군다나 무료이므로 가게를 여러 개 열 수 있습니다. 4천만 원이라는 큰 위험을 안고 고객이 올지 안 올지 모르는 상황에서 도박을 하는 것과 인터넷상에서 무료로 이용할 수 있는 매체를 키우는 것. 어느 쪽이 간단할까요? 인터넷 쪽이 훨씬 간단합니다.

60개 이상의 에스테틱 숍 개점을 도운 경험에 비추어보면 역시 운영을 잘하는 사람이 있는가 하면 그렇지 않은 사람도 있습니다. 오프라인 매장을 운영하려면 비즈니스 감각이 필요합니다. 하지만 그런 감각이 없다고 해서 미리 걱정할 필요는 없습니다. 인터넷에는 참고할 만한 사이트가 얼마든지 있습니다. 더구나 혼자서 가게를 운영한다면 오프라인의 경우에는 늘 가게에 붙어 있어야 해서 다른 가게를 둘러보러 갈 여유가 없습니다. 그러나 인터넷상에는 자신과 방향성이 같은 수많은 사람들이 자료를 올리므로 그것을 모델로 삼을 수 있습니다.

또 오프라인이라면 같은 에스테틱 숍이라도 개인이 운영하는 소규모 매장과 기업에서 운영하는 매장을 비교해보면 겉보기에도 기업 쪽이 규모도 크고 인테리어도 훌륭해서 큰 돈을 들였다는 것을 알 수 있습니다. 그런데 인터넷에서는 개인도 SNS나 홈페이지 등을 자신만의 특별한 이미지와 분위기를 살려 꾸밀 수 있고, 기업보다 더 많은 사람의 시선을 끌 수 있다는 이점이 있습니다.

이처럼 인터넷에서는 개인도 기업과 같은 위치에서 싸울 수 있습니다. 홈페이지를 만든다 해도 비용은 500만 원에서 1,000만 원 사이입니다. 오프라인이라면 어떤 가게가 돈을 더 많이 들였는지 한눈에 알 수 있지만, 인터넷이라면 그런 것을 구분할 수 없습니다. 그렇기 때문에 영업자로서 페이스북 등을 활용해 얼마나 잘 키워나가느냐에 성공이 달렸습니다.

비즈니스에 활용할 수 있는 SNS는 현재로서는 페이스북°이 가장 좋습니다. 다른 SNS들은 규제가 많거나 갑자기 게시물이 삭제되는 경우도 있습니다. 페이스북은 비즈니스에 활용할 때 특별한 제한이 없고 오히려 홍보를 적극적으로 권장하는 면이 있으므로, 그것을 키워나가면서 여행과 일을 병행할 수 있습니다.

스카이프, LINE, 페이스북, 블로그 등 미팅에서 광고까지

● 최근 주목받는 인스타그램은 페이스북의 자회사다.

거의 모든 일을 SNS를 통해 할 수 있습니다. 더구나 대부분 무료입니다. 이것을 최대한 활용하면 돈, 시간, 장소의 자유를 손에 넣을 수 있습니다. 꼭 이 4가지 단계를 차근차근 실천해보시길 바랍니다. 여러분의 강점을 인터넷을 통해 강력하게 전달한다면 충분히 비즈니스로 발전해나갈 수 있습니다. 만약 잘 안 되는 부분이 있다면 꼭 제가 주최하는 세미나나 백만장자 마인드 강좌를 찾아주세요.

step 4. 요점 정리

- 내 콘셉트에 공감하는 사람들을 끌어당긴다.
- 미래의 내 모습을 인터넷에 공개한다.
- 이미 이루어진 것처럼 행동한다.
- 마음속으로 이미지를 떠올릴 수 있다면 그 꿈은 실현된다.
- SNS를 키워나간다.

7장

돈에게 사랑받는 방법

언제 어디서나 돈이 일하게 하자

돈에게
사랑받는 방법

매달 해외로 떠나고, 언제든 원하는 곳에서 일하는 비법

이 장에서는 제가 실천하고 있는 '돈에게 사랑받는 방법'을 소개하겠습니다. 본격적인 이야기에 앞서 제가 가장 자주 받는 질문인 "나쓰키 씨처럼 매달 해외로 떠나려면 어떻게 해야 하나요?"에 대한 답변을 드리고 시작하겠습니다. 우선 달력에 매달 가고 싶은 장소를 적습니다. 거기에 비용이 얼마나 드는지도 적습니다. 만약 여행을 하려면 1년에 3,000만 원 정도가 필요한데, 한 해 수입이 3,000만 원이라면 당연히 돈이 부족하겠죠.

보통은 이 단계에서 절대 불가능하다며 포기해버립니다. 하지만 자립한 신데렐라는 '3천만+α를 어떻게 구할까'를 생각합니다. 플러스알파를 위해 무엇을 해야 할까요? 이것은 그 분야의 최고 전문가에게 물어보는 수밖에 없습니다. 저에게는 무척 간단한 일이죠.

그리고 저처럼 매달 여행을 하며 언제든 원하는 곳에서 일하는 생활 양식을 전면에 내세우면 점차 사람들에게 알려지게 됩니다. 일단 한번 알려지기 시작하면 빠른 속도로 많은 사람에게 퍼져나갑니다. 그리고 돈이 일하게 하는 시스템이 만들어져 있으면 자연스럽게 돈에게 사랑받게 되고, 잠들어 있는 동안에도 돈이 대신 일을 해줍니다.

얼마 전 홈페이지에 게시물 하나를 올리고 나서 비행기에 탔습니다. 그리고 비행기에 타고 있는 6시간 동안 메일 매거진 구독 신청이 140건 정도 들어왔습니다. 물론 제가 발행하는 메일 매거진은 유료입니다. 이 글을 쓰고 있는 지금 이 순간에도 적지 않게 신청이 들어오고 있습니다. 이런 시스템을 여러 개 갖춘다면 정말 굉장할 것 같지 않나요?

여행을 가면 돈에게 사랑받을 수 있다

제가 여행을 좋아하고 또 자주 가는 데는 이유가 있습니다. 먼저 전철이든 버스든 비행기든 배든 일단 그런 것들을 타고 있으면 좋은 아이디어가 계속해서 떠오르기 때문입니다. 특히 비행기는 어딘가에 딱 붙어 있지 않고 공중에 떠 있는데, 그런 상태에서는 아이디어가 쉽게 떠오른다고 합니다. 게다가 보통은 혼자서 찬찬히 생각을 정리할 시간이 부족하므로, 비행기에 타고 있는 7~8시간 동안 단숨에 잡지 한 권을 읽거나 '이루고 싶은 꿈 100가지 리스트'를 다시 살펴보기도 합니다. 그러면 생각이 정리되고 뇌 활동도 활발해져서 아주 좋은 아이디어가 떠오릅니다.

또 다른 이유는 여행을 가면 새로운 경험을 할 수 있기 때문입니다. 새로운 아이디어는 서로 다른 경험을 이렇게 저렇게 조합해보는 사이에 탄생하는 경우가 많으므로 다양한 경험을 해보는 편이 좋습니다.

여행을 가보면 일본에서 일류라고 생각했던 것이 세계에서는 일류가 아니라는 사실을 깨닫기도 합니다. 예를 들면, 도쿄대학교 위에 하버드대학교가 있듯이, 일본에서는 일등이지만 다른 나라에서는 일등이 아닌 것도 아주 많습니다. 또한 일본에서 상식으로 통하는 일들이 다른 나라에서는 그렇지 않은 경우도 있습니다.

여행을 가면 새로운 사고방식이나 경험 등을 전부 받아들일 수 있게 됩니다. 그러면 조합 패턴이 점점 더 다양해지고, 그것에 비례해서 아이디어 양도 더 늘어납니다. 이것이 바로 제가 여행을 사랑하는 이유입니다.

그리고 행동의 양은 아이디어의 양과 수입에 비례합니다. 행동 거리가 길수록 수입이 많아집니다. 여행은 그 자체로도 즐겁지만, 일을 하게 해주고 나만의 브랜드를 만들어주며 수입도 늘어나게 해줍니다. 그래서 저는 무리해서라도 여행을 갑니다. 더구나 일본에 있을 때는 쉴 새 없이 일만 하기 십상이어서 억지로라도 몸을 쉬게 해준다는 의미에서도 한 달에 3주는 일하고 일주일은 해외에서 보내는 생활 양식이 저에게 매우 적합합니다. 그리고 이러한 생활 양식을 동경하는 사람도 늘어나게 되었습니다.

다만 여행이 마냥 즐겁기만 한 것은 아닙니다. 시차가 있어서 체력적으로 힘에 부칠 때도 있고, 현지에 도착했더니 호텔 예약이 제대로 되어 있지 않다는 등 여러 가지 문제도 생깁니다. 하지만 좋은 일이 있으면 나쁜 일도 있는 법입니다. 인생이 그렇듯이요.

여행은 인생의 축소판입니다. 며칠 전 세계 최고의 호화 열차로 꼽히는 오리엔트 급행 열차를 탔습니다. 열차에서 창밖을 바라보니 한순간도 똑같은 풍경이 없었습니다. 열차는 앞으로만 나아가므로 당연한 일이겠지만, 인생 또한 지금 이 순간은 다시 오지 않습니다. 하루하루가 무의미하게 흘러가 버린다는 생각이 든다면 먼저 인생의 목표와 꿈을 정해보세요. 그러면 매일 똑같아 보이던 일상이 더 다채로워집니다. 그런 하루하루가 쌓이면 자신의 꿈에 더 빨리 다가갈 수 있습니다. 지금 이 순간은 두 번 다시 돌아오지 않습니다. 참거나 기다리지 말고 매 순간을 소중히 여기고 즐긴다면 행복한 인생을 살 수 있습니다.

48시간의 법칙에 따라 정보를 공유한다

앞에서 '성공한 사람은 무언가를 준다'고 말했는데, 이것은 돈에게 사랑받는 비결이기도 합니다. 돈이나 물건을 줄 수 없더라도 내가 배운 것을 공유하는 일은 충분히 가능합니다. 그렇게 하면 사람들에게 도움을 주는 사회 공헌이 될 뿐만 아니라 좋은 정보를 얻거나 새로운 사람을 소개받을 수도 있습니다.

공유할 때는 '48시간의 법칙'을 따라야 합니다. 오늘 들은 것, 본 것, 읽은 것은 48시간 안에 자신의 언어로 하든, 인용을 하든 어딘가에 공유해야 합니다. 가족들에게 이야기해도 좋고 페이스북 등 SNS에 써도 좋습니다. 어쨌든 밖으로 내보내는 것이 중요합니다. 48시간을 넘기면 그 정보를 듣거나 보거나 읽지 않은 것과 마찬가지가 되므로 반드시 48시간 안에 공유하시길 바랍니다.

아무리 좋은 이야기라도 듣기만 했을 때는 대개 10퍼센트 정도만이 머리에 남지만, 공유하면 90퍼센트가 자신의 '머릿속 옷장'에 저장됩니다. 좋아하는 것이 늘어나고, 자기 것이 되기도 합니다. 정보는 돈이 됩니다. 그러므로 그것을 아낌없이 공유하는 사람은 돈에게 사랑받습니다.

새로운 정보나 사람들과의 교류를 늘린다

새로운 아이디어 또한 돈이 됩니다. 감탄을 자아내는 빅 아이디어를 만들어내려면 정보나 사람과의 교류를 늘려야 합니다. 빅 아이디어는 기존의 아이디어들이 조합되어 새로운 아이디어로 태어난 것입니다. 즉, 아무것도 없는 상태에서 새로운 무언가가 만들어지는 일은 거의 없다는 뜻이죠.

이것은 축음기를 발명한 에디슨의 에피소드에서도 잘 나타납니다. 소리를 기록하고 재생한다는 이 엄청난 아이디어는 모스 부호를 기록하고 전송하는 실험에서 시작되었습니다. 여기에 더해 새로운 전화기를 만들기 위해 조사하던 중 수화기의 진동판이 흔들리는 것을 발견한 에디슨은 소리와 진동의 관계를 연구하기 시작했다고 합니다. 이런 기존의 몇 가지 아이디어를 합치고 보태서 새롭고 획기적인 발명품을 탄생시킨 것입니다. 그러므로 다양한 정보를 얻고, 다양한 풍경을 보고, 다양한 인맥을 만드는 일은 새로운 아이디어를 만들어내는 씨앗이 됩니다.

'내 주변 사람 3명의 평균 수입이 반년 후 혹은 1년 후의 내 수입'이라는 말이 있습니다. 이 말이 맞는다면, 게다가 알고 지내는 사람이 회사 동료밖에 없다면 수입은 지금보다 더 늘어나지 않을 것이 뻔합니다. 이에 더해 얻게 되는 정보도 작년이나 올해나 별반 다를 게 없다면 계속 그 직장에 남아 있는 한 내년 역시 마찬가지이겠지요.

그러므로 '이루고 싶은 꿈 100가지 리스트'를 작성해보고, 지금의 수입으로는 부족하다는 생각이 든다면 환경을 바꿔보세요. 그리고 새로운 경험을 위해 투자하세요. 모든 것을 바꿔나가다 보면 '머릿속 옷장'의 내용물도 점차 변하고, 이에 따라 조합도 바뀌면서 빅 아이디어가 탄생하게 됩니다. 이것이 바로 빅 아이디어를 만드는 방법이며, 누구나 간단하게 할 수 있습니다.

말 잘하고 글 잘 쓰는 사람에게 고객과 돈이 모인다

'머릿속 옷장'을 제대로 정리하지 않고 무턱대고 무언가를 하는 사람이 있습니다. 불필요한 정보를 정리하지 않아서 머리가 꽉 찬 상태가 이어지면 결국 움직이지 않게 됩니다. 이 런저런 세미나를 쉴 새 없이 쫓아다녀서 '세미나 집시'라고 불리는 사람들이 대개 그렇습니다. 훌륭한 세미나에 참가하는 횟수가 많을수록 '어쩌면 저렇게 공감되게 말을 잘하지? 나도 저 사람처럼 말할 수 있을까?'라는 생각에 불안해지고 주눅이 들어서 점점 더 말을 못하게 됩니다.

사실은 불과 얼마 전까지만 해도 제가 그랬습니다. 세미나를 부지런히 쫓아다니다가 결국 뭐가 뭔지 알 수 없게 되어버렸고, "제가 제공할 수 있는 건 아무것도 없어요"라는 말을 2015년 1월까지 입버릇처럼 했습니다. 그때까지 에스테틱 강습을 열어본 적은 있어도 많은 사람 앞에서 노하우를 알려주는 세미나를 진행한 경험이 없었으므로 아무도 안 올까 봐 불안해하기도 했습니다. 누구나 세미나 강사가 될 수 있다는 말을 들을수록 무서워졌습니다. 그런데 2월에 내면의 중심축이 정해지면서 뭐든지 이야기할 수 있게 되었습니다. 그 후 몇 차례 세미나를 진행하면서 점점 자신감이 붙었습니다.

처음에 시작할 때는 남을 따라 해도 좋습니다. 유명인의 세미나 동영상을 10번 정도 반복해서 보며 연습하면 나중에는 내 것으로 만들어 이야기할 수 있게 됩니다. 그런 식으로 진짜 필요한 정보만 '머릿속 옷장'에 저장해서 이야깃거리를 늘려나가세요. "자유롭게 이야기하세요"라는 말을 들으면 막막해지는 사람도 있겠지만, 시각 자료나 파워포인트 자료 등을 만들어 활용하면 얼마든지 이야기할 수 있게 됩니다.

앞에서 말했다시피 나만의 스타일을 확립할 때는 비즈니스는 A씨, 개인 생활은 B씨, 사진 포즈는 C씨, 연애는 D씨의 방식을 따른다는 식으로 각각 롤 모델을 정해 연구를 거듭해야 합니다. 인터넷의 장점은 필요한 정보를 대부분 얻을 수 있다는 점입니다. 가령 A씨는 블로그에 어느 시점에 몇 개의 게시물을 올리는가, 게시물을 올리는 순서는 어떠한가 등 모든 것을 파악해 모델로 삼을 수 있습니다. 만약 A씨가 그런 방식으로 많은 고객을 모았다면 그대로 따라 해보세요. 모든 것을 혼자서 생각하려 하면 글도 사진도 의미가 분명치 않고 고객도 모이지 않습니다.

카피라이팅 전문가가 아닌 이상 글을 아주 매끄럽게 쓰기란 쉽지 않습니다. 글을 쓰다가 막힐 때는 페이스북을 열어보는 것도 방법입니다. 페이스북에는 이벤트를 편리하게 만들고 관리할 수 있는 페이지가 따로 있어서 하루에도 수십 건씩 다양한 공지 글이 올라옵니다. 이 이벤트 페이지에 접속해보면 이벤트의 성격이나 참가 인원 등 정보를 알 수 있습니다. 참여자가 많은 이벤트의 경우에 어떻게 글을 썼는지 참고하면 좋습니다. 저 또한 이벤트 페이지를 보는 습관을 들이고 마음에 와 닿은 글은 노트에 적어둡니다. 도움이 되는 사이트 역시 하루에 3번 정도 방문하고 좋은 정보는 저장합니다. 저장해둔 글을 참고해서 글쓰기를 반복하다 보면 좋은 글이 나옵니다.

내 머리로 아이디어를 떠올려야 한다는 생각에 너무 얽매이지 말고 좋은 것을 참고하는 자세로 임하세요. 그리고 좋은 것들을 서로 조합해서 새로운 무언가를 만들어보세요. 앞에서도 말했다시피 조합하는 일은 누구나 간단히 할 수 있습니다. 그렇게 정보가 축적되고 기량이 높아지면서 나만의 확고한 스타일이 탄생합니다. 좋은 것을 제공하는 사람에게는 팬들이 모여듭니다. 물론 돈도 모입니다.

8장

신데렐라로 다시 태어나다

전국의 신데렐라들이 말한다

신데렐라로
다시 태어나다

월 매출이 30만 원에서 3개월 만에 1,000만 원으로 껑충 뛰다

지금까지 잘 따라와준 여러분, 어떠세요? 자립한 신데렐라로 살아가는 길이 보이기 시작하셨나요? 제가 운영하는 해피 신데렐라 클럽에서는 돈, 시간, 장소, 이 3가지 자유와 '미지의 경험과 감동을 세계에서'를 주제로 투어, 토크 이벤트나 파티를 열고, SNS 브랜딩 강좌나 머니 강좌도 진행하고 있습니다. 또 여행을 다니면서 비즈니스와 관련해 이런저런 것들을 가르치고 있습니다.

이처럼 해피 신데렐라 클럽 회원들은 여러 활동을 통해 자기 내면의 중심축을 확고히 하고 정말 하고 싶은 일과 좋아하는 일이 무엇인가를 더 명확히 해나가고 있습니다. 그중에는 개인 컨설팅을 받는 사람도 있습니다. 노력한 만큼 결과도 얻을 수 있어서 점차 많은 회원이 자기 인생을 행복하게 만들어가고 있습니다.

다음은 "해피 신데렐라 클럽은 여러분에게 어떤 의미인가요?"라는 질문에 대한 회원들의 답변입니다. 가장 놀라운 성과를 거둔 회원들의 감상을 일부 소개하겠습니다.

한마디로 말해 소원을 이루는 곳입니다. 지금까지 저는 자존감이 낮고 매사에 부정적인 본모습을 숨긴 채 애써 밝은 척하며 지내왔습니다. 정말 이루고 싶은 꿈은 이루지 못했고, 벌고 싶은 만큼의 돈도 벌지 못했으며, 멋진 멘토나 동료도 없었습니다. 어떻게 해야 좋을지 알 수 없었습니다.

그러던 중 해피 신데렐라 클럽에 대한 이야기를 듣고서 '아, 이거다!'라고 생각했습니다. 이곳에 들어가면 모든 것을 손에 넣을 수 있겠다는 생각에 각오를 다지며 회원으로 가입

했습니다. 그리고 해피 신데렐라 클럽에 들어가자 실제로 생각한 대로 모든 것이 이루어졌습니다. 과거에는 파티를 싫어했지만 어느 샌가 무척 좋아졌고, 10년 만에 몇 차례나 해외에 다녀왔습니다. 마음속으로 그렸던 꿈이 차례차례 실현되었죠.

또 나쓰키 씨에게 컨설팅을 받은 뒤로 돈을 벌어들이기 시작해서 월 매출 1,000만 원을 몇 번이나 달성했습니다. 몸짓이나 말투, 패션, 메이크업 등의 컨설팅도 받았습니다. 청중들과 소통하는 형식의 토크쇼를 몇 차례 경험하고 나서 제가 직접 세미나와 이벤트도 주최하게 되었습니다. 꿈을 이루는 법을 알게 되었고, 무엇보다 사고방식이 바뀌었습니다.

"요즘 반짝반짝 빛이 나세요."

"부러워요."

"주부도 할 수 있다는 용기를 얻었어요!"

주변에서 이렇게 응원해주는 사람이 많아졌습니다. 긍정적으로 살아갈 수 있게 된 것도 해피 신데렐라 클럽 덕분입니다. 그리고 무엇보다 멋진 멘토와 동료가 많이 생겼습니다. 이제는 해피 신데렐라 클럽에 들어가기 이전의 저로 돌아가고 싶지 않습니다.

꿈을 이룬 것도, 또 다른 새로운 꿈을 가지게 된 것도, 모두 꿈을 가질 수 있도록 도와주신 나쓰키 씨 덕분입니다. 정말 감사합니다.

야부우치 레미 씨는 어린 자녀를 둔 주부로, 원래는 새로 문을 연 까또나주 교실의 운영자이자 선생님이었습니다. 손에 쥐는 수입은 주부의 용돈 정도였습니다. 꿈꿔온 것들은 대부분 이루었지만, 어떻게 해야 돈을 잘 벌 수 있는지 방법을 몰라 고민했다고 합니다.

저는 프로그램의 구성 방식에 문제가 있다고 판단했고, 그 부분을 중점적으로 컨설팅했습니다. 먼저 일회성 프로그램만 운영하던 기존 방식에서 벗어나 일정 기간 진행하는 프로그램을 만들어 고액 상품을 늘려나갔습니다. 그것만으로는 부족하므로, 고객 유치 방법이나 앙케트 방식 등도 모두 바꿨습니다.

또 홍보용 사진 중에 웃는 얼굴로 찍은 것이 하나도 없어서 모두 다시 찍었습니다. 이미지는 무척 중요합니다. 서 있

190

는 자세나 걸음걸이도 세심하게 가르쳐주고 의상 또한 이미지에 맞는 옷으로 바꿨습니다. 나아가 웃는 얼굴을 연습하게 해서 매일 자신의 모습을 사진으로 찍은 다음 저에게 보내게 했습니다.

일본에는 이런저런 취미 교실이 넘쳐납니다. 까또나주는 단단한 판지에 다양한 천을 덧대 개성 있는 상자를 만드는 프랑스 전통 수공예입니다. 대중에게 널리 알려지지 않은 분야인 데다 교실을 운영한 지 얼마 되지 않은 만큼 그곳에서 배워야만 하는 이유를 만드는 것이 매우 중요합니다. 따라서 오직 하나뿐인 오리지널리티가 필요했습니다. 계절 이벤트나 프린세스 페어 같은 개성 넘치는 일회성 이벤트와 체험 수업도 열기로 했습니다. 홍보 문구도 함께 만들었습니다.

이벤트 장소 역시 까또나주는 귀한 사람을 위한 물건이라는 이미지를 부각하기 위해 공민관*보다는 호텔 쪽이 적합해 보인다고 조언했습니다. 오사카의 고급스러운 세인트레지스 호텔에서 이벤트를 열자 참가해주기를 바랐던 고객들이

● 주민을 대상으로 실제 생활에 입각한 교육, 학술, 문화에 관한 각종 사업을 진행하는 교육 시설로, 우리나라의 평생학습관 같은 곳이다.

속속 모여들었습니다.

나아가 호텔에서 토크쇼를 비롯한 여러 가지 행사도 시작했습니다. 파워포인트 자료를 만드는 방법은 물론 토크쇼 구성 방법과 클로징 멘트도 알려주었고, 나중에는 야부우치 씨가 직접 세미나를 열게 되었습니다. 그렇게 3개월이 지나 비즈니스를 키워나가는 방법을 어느 정도 알게 되었고, 30만 원이었던 월 매출이 1,000만 원으로 껑충 뛰었습니다.

정말로 약간의 요령에 불과하지만, 이런 방법들은 좀처럼 혼자서는 깨닫지 못합니다. 그래서 컨설팅이 필요합니다. 저 또한 컨설턴트나 전문가에게 도움을 받을 때가 있습니다. 객관적으로 평가받아야 자신의 강점을 알 수 있습니다. 이에 더해 무엇이든 잘하려면 제대로 배워야 합니다. 온라인 쇼핑몰이든 출판이든 어떤 분야에서 잘하려면 그 분야의 전문가에게 배우는 것이 가장 좋습니다.

유명 백화점에서 상품을 판매하게 되다

또 한 명의 신데렐라는 낸터킷 바스켓 제작자 호리이 리나 씨입니다. 낸터킷 바스켓은 이름에서 알 수 있듯이 미국 낸터킷섬에서 시작된 전통 수공예품으로, 천연 라탄을 멋스럽게 엮어 만든 고급 바구니입니다. 호리이 씨는 '바스켓계의 에르메스'로 불리는 이 낸터킷 바스켓을 제작·판매하는 온라인 쇼핑몰을 운영합니다. 처음에는 취미 삼아 만들어 파는 수준이어서 매출도 신통치 않았다고 합니다.

애초에 그녀가 온라인 쇼핑몰을 시작한 이유는 자신이 좋아하는 물건을 팔 수 있어서이기도 했지만, 사람들과 만나기를 꺼리고 말도 잘하지 못하는 편이어서 회사에 들어가기보다는 혼자서 할 수 있는 일을 하고 싶었기 때문입니다. 그런데 지금은 라디오 프로그램의 진행을 맡고 있고, 여성 기업가나 온라인 쇼핑몰 운영에 관심을 둔 사람들에게 컨설팅을 해주기도 하며, 다도 모임이나 세미나도 열고 있습니다.

저도 스무 살 무렵에는 반짝반짝 빛나는 꿈이 있었습니다. 그러다가 시간이 흘러 결혼하고, 살림과 일을 병행하는 가운데 꿈이 있었다는 사실조차 까맣게 잊고 살았습니다. 그러던 중 SNS를 통해 해피 신데렐라 클럽의 소식을 접하고 망설임 없이 참가 신청을 했습니다.

바쁜 일상에 쫓기느라 꿈이 있었다는 사실조차 잊었던 제가 해피 신데렐라 클럽에 들어오면서 '미지의 경험과 감동을 세계에서'를 주제로 해외를 여행하며 '이루고 싶은 꿈 100가지 리스트'를 적을 수 있었습니다. 가족이나 가까운 친구 외에 다른 사람들과 처음으로 함께한 여행에서 새삼 나에게도 꿈이 있었다는 것을 알게 되었고, 함께 꿈을 이야기할 수 있는 동료도 생겼습니다.

나쓰키 씨의 컨설팅도 큰 도움이 되었습니다. 브랜딩하거나 사진 찍는 방법, 카피라이팅까지 세세하게 지도받은 덕분에 온라인 쇼핑몰 매출이 향상되었고, 꿈에 그리던 백화점 입점에도 성공했습니다. 지금은 일본 각지의 유명 백화점이나 전시회 등에서 낸터킷 바스켓을 판매하고 워크숍도 열고 있습니다.

나쓰키 씨와 동료들의 응원과 지지 덕분에 불과 몇 개월 만에 이런 꿈들을 실현할 수 있었습니다. 나쓰키 씨를 만나지 못했다면 여전히 자신 없는 모습을 보이며 모처럼 얻은 기회도 스스로 놓쳐버렸을지 모릅니다. 스스로 걸어 잠근 빗장을 풀고 살고 싶은 대로 살고, 꿈꾸던 모습으로 변신할 수 있었던 것은 해피 신데렐라 클럽을 만난 덕분입니다.

　호리이 씨는 해피 신데렐라 클럽에 들어와서 가족 이외의 사람들과 해외여행을 즐기거나, 사람들 앞에서 이야기하거나, 자신의 사진을 찍거나, 꿈 리스트를 만드는 등 지금껏 해보지 못한 일에 도전하면서 인생이 크게 바뀌었습니다.

　해보고 싶었지만 혼자서 하기는 어려워서 포기했던 일도 환경이나 계기만 만들어지면 물 흐르듯이 순조롭게 진행되는 경우가 있습니다. 사람들 앞에서 말하는 일에 서툴렀던 호리이 씨는 특별훈련을 거듭한 끝에 지금은 라디오 방송 진행자로 활약하고 있습니다.

　중요한 점은 지금껏 해보지 못한 일이라도 할 수 있다고 생각하는 것입니다. 호리이 씨는 어떤 일이든 "해보겠습니다!"라고 말했습니다. 그녀가 "못 하겠어요"라고 말하는 것을 들어본 적은 한 번도 없습니다. 호리이 씨처럼 나이를 먹어도 계속해서 가정과 일을 양립하며 인생을 즐기는 여성이 늘어나기를 진심으로 바랍니다.

하고 싶은 일을 하며 경제적으로도 자립하다

직장을 다니다가 저의 세미나에 참가한 것을 계기로 이제껏 해온 일을 그만두고 꿈을 이룬 사람도 있습니다.

　　평범한 직장 여성으로, 사회생활 4년 차. 일을 곧잘 한다는 평가를 받았고, 생활에 큰 불만도 없었습니다. 인간관계도 나쁘지 않고, 좋은 회사에서 월급도 나름 잘 받았습니다. 그런데 무언가 충족되지 않은 느낌이 들었습니다.

　　내 이름을 걸고 일해보고 싶다는 마음이 강해져 주말 창업*을 했는데 그다지 결과가 좋지 못했습니다. '그냥 직장에 다니면서 즐겁게 살아가는 게 나을까……'라고 생각하던 중에 페이스북에서 나쓰키 씨를 발견했습니다.

　　"미지의 경험과 감동을 세계에서. 돈, 시간, 장소, 이 3가지 자유를 손에 넣은 삶을 살자!"라는 해피 신데렐라 클럽의 캐치프레이즈를 본 순간 '이거다!'라는 생각이 들어 곧바로 참가 신청을 했습니다.

　　반짝반짝한 기운이 느껴지는 나쓰키 씨를 만나고, 같은 생

● 기존 직업을 유지하며 주말을 이용해 사업을 하는 것.

각을 가진 멋진 사람들과 함께 파티를 즐기거나 백만장자 마인드 강좌에 참여하는 사이에 '역시 뭔가 하고 싶다'는 생각을 멈출 수 없었습니다. 나아가 나쓰키 씨의 컨설팅을 받고 제가 정말 하고 싶은 일이 무엇인지를 알게 되었습니다.

그중에서도 제게 가장 큰 변화를 가져다준 것은 유럽 여행이었습니다. 24시간 나쓰키 씨와 함께하며 그녀의 사고방식과 삶의 방식을 접하면서 저를 둘러싸고 있던 틀이 완전히 깨졌습니다. 그리고 제가 이상적으로 생각하는 삶을 사는 사람과 공유하는 시간이 많을수록 이상에 가까이 다가갈 수 있다는 것을 실감했습니다.

제가 하고 싶은 일을 하려면 지금 가진 돈으로는 부족했습니다. 그래서 자유로운 삶을 살기 위해 회사를 그만두었습니다. 그리고 나쓰키 씨에게 여러 가지를 배우면서 세미나 강사로 데뷔했습니다. 현재는 하고 싶은 일을 직업으로 삼아 드레스를 입고 파티를 일상처럼 즐기기, 해외에 친구 만들기 등 반년 전에 꿈꾸었던 모든 일을 이루었습니다.

압도적인 규모로 여러 가지 일을 실현하고 있는 나쓰키 씨와 만난 뒤 제 인생이 달라졌습니다. 나쓰키 씨는 인생을 긍정하시모토 가나코 씨는 저를 만나기 전에 3명의 컨설턴트에게 도움을 받았습니다. 그런데 해피 신데렐라 클럽에 참가하면서 원하는 삶의 모습이 명확해지자 다니던 직장을 그만두고, 지금은 세미나 강사로 활약하고 있습니다.

제 이야기를 듣거나 세미나에 참가하다 보면 자신이 하고 싶었던 일이 무엇인지가 명확해져서 회사에 그대로 눌러앉아 있기가 어렵다고 사람들은 말합니다. 나에게 맞지 않는 옷을 입고 삶의 무대에 선 기분이 들고, 주변 동료들과도 맞지 않는다는 생각이 들기 시작하면 직장에 다니던 시절의 저처럼 무월경을 경험하는 등 몸에 큰 변화가 찾아오기도 합니다. 이것은 바로 직장을 그만두라는 신호입니다. 그 신호를 알아채지 못하고 억지로 계속 다니다 보면 몸을 망치게 됩니다. 무언가 몸에 변화가 찾아와서 한계에 다다랐다는 생각이 들 때는 직장을 그만두는 편이 낫습니다. 다만 갑자기 한꺼번에 모든 것을 바꾸기는 쉽지 않으니 서서히 방향을 바꿔나가세요. 몸이 외치는 소리를 소중히 해야만 삶의 다음 무대를 향해 나아갈 수 있습니다.

'야생의 사자'가 될 용기가 필요하다

마지막으로 '각오'에 관한 이야기를 해보겠습니다. 창업하고 싶어 하는 여성들은 대개 자유나 경제적 자립과 같은 좋은 점만을 보고 한없이 동경합니다. 제가 블로그에 올린 여행 관련 글을 읽고 "이렇게 자유로운 생활이 가능하다면 저도 창업해보고 싶습니다. 어떻게 하면 되는지 방법을 알려주세요"라고 말하는 사람도 있습니다. 하지만 창업을 한다고 해서 마냥 좋은 일만 있는 것은 아닙니다. 매달 정해진 월급을 받는 직장인은 '동물원의 사자'와 같습니다. 우리에 갇혀 지내더라도 먹이는 꼬박꼬박 받아먹을 수 있습니다. 짝을 찾을 때도 선택지가 많지 않지만 아주 없지는 않습니다.

반면에 창업을 하면 '야생의 사자'가 됩니다. 야생의 사자는 자유롭게 달리며 돌아다닐 수 있고, 수많은 사자 가운데 짝을 선택할 수 있는 이점이 있습니다. 대신 사냥은 스스로 해야만 합니다. 누구도 먹이를 주지 않습니다. 그리고 사냥을 하지 못하면 죽습니다.

'돈을 번다'는 것은 이런 것입니다. 창업한 사람들은 모두 예외 없이 먹잇감을 사냥하다가 피투성이가 될 때도 있습니다. 사자는 덩치 큰 코끼리와도 싸우지 않으면 안 됩니다. 사냥감의 숨통을 완전히 끊어놓은 상태라면 맛있게 먹을 수 있지만, 판단을 잘못했다가는 발에 차일 가능성도 있습니다. 이런 모 아니면 도의 싸움을 반복합니다.

하지만 피투성이가 된 모습을 페이스북에서 보일 수는 없습니다. '오늘은 상대의 피를 뒤집어써서 피투성이가 되었습니다'라고 쓸 수 있을 리가 없죠. '초원을 내달려서 즐겁다'라든가 '오늘은 이런 고기를 먹었는데 맛있었다'라든가 하는 좋은 모습만 보여줍니다. 하지만 사실은 무척 힘든 상황을 견디고 있는 사람이 많습니다.

창업한 뒤 '이럴 줄 몰랐다'거나 '생각만큼 돈이 안 벌린다'는 생각이 든다면 사냥 방법(=돈 버는 방법)이 잘못된 것입니다. 사냥 방법을 철저히 배우면 누구든지 사냥을 할 수 있습니다. 계속 그 길을 갈 생각이라면 강해질 필요가 있습니다. 그래야만 초원을 자유롭게 달리고 신선한 먹이도 먹을 수 있습니다. 물론 창업을 꿈꾸면서도 '역시 나는 동물원의 사자 쪽이 어울려'라고 깨닫는 경우도 있습니다. 어떤 일이 맞는지는 사람마다 다르므로, 적성에 맞는 쪽에서 행복을 누리면 됩니다.

좋은 일만 있는 것은 아니라 하더라도 동물원의 우리가 자신에게 맞지 않는다면 돌아가지 못하기 때문에 앞으로 나아갈 수밖에 없습니다. 변명도 여유가 있을 때 할 수 있는 법입니다. 오늘 먹이를 사냥하지 못하면 죽는다는 절체절명의 상황이라면 힘을 낼 수밖에 없습니다. 신데렐라는 그저 아름답기만 하지 않습니다. 꽤 강합니다. 얼마나 간절히 원하는지, 단지 동경만으로 쉽게 말하는 것은 아닌지 마음속을 들여다보고 곰곰이 따져봐야 합니다. 그 후에도 진심으로 '야생의 사자'가 되고 싶고, 돈을 벌고 싶은 마음이 든다면 미루지 말고 행동으로 옮겨보세요. 하고 싶은 일을 직업으로 삼아 꿈을 이루고 돈, 시간, 장소의 자유를 얻게 될 것입니다.

인생에서 가장 중요한 것은 '나 자신이 가장 행복해지는 일'입니다. 그리고 그 열쇠는 이미 여러분 손안에 있습니다. 이제 여러분 손으로 문을 열어주세요. 저도 기쁜 마음으로 돕겠습니다.

지금까지 이 책을 읽어주신 여러분께 정말 감사합니다. 저의 이야기를 하는 것이 조금 쑥스러웠지만, 중학생 시절에 이미 창업을 경험한 '강한 신데렐라'로서 앞으로 새로운 길을 열어나가고자 하는 여러분에게 조금이나마 도움이 되기를 바라며 이 책을 썼습니다.

제가 가장 강조하고 싶은 부분은 최고의 신데렐라 스토리를 써나가는 4가지 과정입니다. 먼저 내면의 중심축을 명확히 하고, 그것을 인터넷을 통해 충분히 알려서 돈을 버는 단계로까지 끌고 나가는 것. 그것이 가능하다면 노트북 한 대로 돈, 시간, 장소의 자유를 얻는 길이 열릴 것입니다.

세상에는 꿈을 이루는 방법을 알려주는 책이 셀 수 없이 많습니다. 간절히 원하면 이루어진다고 말하는 책들도 있지만, 저는 철저하게 비즈니스에 초점을 두고 명확한 목표와 기한을 정한 다음 행동으로 옮겨야만 실현할 수 있다고 생각합니다.

'동경'을 동경으로 끝내지 않고, 자신의 힘과 주변 사람들에게 받은 응원을 바탕으로 구체적인 형태로 만들어가는 것. 그리고 이것을 삶의 방식으로 삼는 것. 이 책에서는 이러한 목표를 향해 한 걸음씩 앞으로 나아가기 위한 힌트를 제시했습니다. 한 번으로 끝내지 말고, 몇 번이고 거듭해서 읽으면서 하나하나 실천해보시길 바랍니다.

책 출간은 제가 오랫동안 품어온 꿈이었습니다. 하지만 제게는 아무런 재능도 없고 세상에 전할 수 있는 것도 없어서 줄곧 이룰 수 없는 꿈이라고 여겼습니다. 책은 그저 내고 싶다고 생각하거나 말한다고 해서 낼 수 있는 것이 아닙니다. 보물 같은 인연이 모여 이 책이 나올 수 있었습니다.

출간 경험도 없고, 아무것도 모르는 저를 아낌없이 격려해주시고 좋은 책이 될 수 있도록 도와주신 베스트셀러 작가 쓰네요시 아야코 씨, 이 책의 기획서를 들고 도쿄까지 찾아갔을 때 꼭 책으로 내자며 뜨겁게 호응해주신 히카루랜드의 미조구치 편집장님 정말 감사합니다. 또한 출간할 기회를 주신 야마다 히로미 씨, 제 인생에 혁명을 일으켜주고 항상 진심으로 응원해주는 무라이 씨, 늘 저를 지지해주는 야마다 씨, 고우 씨, 아케미 씨, 가나이 씨, 가네코 씨도 정말 감사합니다. 언제나 큰 사랑으로 품어주시는 부모님과 남동생 부부, 할머니에게도 감사의 인사를 전합니다.

해피 신데렐라 클럽 0기생, 1기생 여러분, 홍보해주신 소중한 분들, 제게 컨설팅을 받고 있는 분들. 세상의 수많은 사람들 가운데 저와 인연을 맺고 멋진 동료로서 함께해주서서 고맙습니다. 기적의 신데렐라 스토리를 매일매일 새로 써나가는 여러분에게 감사의 마음을 전합니다.

늘 열심히 따라와주고 결과까지 만들어낸 신데렐라 호리이 리나 씨, 야부우치 레미 씨, 아낌없이 지지해준 하시모토 가나코 씨 정말 고맙습니다. 이외에도 저와 함께해준 모든 분들께 깊은 감사를 전합니다.

제 꿈은 좀 더 나답게 살고 싶다고 간절히 바라는 모든 사람이 하고 싶은 일을 자유롭게 선택하고, 행복한 인생을 스스로 만들어나가는 것이기에 앞으로도 최선을 다해 돕겠습니다. 이 책을 읽고 있는 여러분과도 언젠가 만날 기회가 있다면 더없이 기쁘겠습니다.

마지막으로 여러분이 이 책을 통해 돈, 시간, 장소의 자유

를 얻고, 자립할 기회를 손에 넣어 하루하루를 가슴 뛰는 순

간들로 채워나가기를 진심으로 바랍니다.

이 책을 읽어주신 여러분께 사랑과 감사를 담아

신데렐라 프로듀서 카렌 나쓰키

위 '해피 신데렐라 클럽'에서 개최한 강연 세미나
아래 참가자들과 찍은 기념사진

백만장자 신데렐라 레슨

2020년 4월 27일 1판 1쇄 인쇄
2020년 5월 12일 1판 1쇄 발행

지은이	카렌 나쓰키
옮긴이	송경원
펴낸이	한기호
책임편집	유태선
편집	도은숙, 정안나, 염경원, 김미향, 김은지
디자인	김경년
마케팅	윤수연
경영지원	국순근
펴낸곳	북바이북

출판등록 2009년 5월 12일 제313-2009-100호
주소 04029 서울시 마포구 서교동 484-1 삼성빌딩 A동 2층
전화 02-336-5675 팩스 02-337-5347
이메일　kpm@kpm21.co.kr
홈페이지 www.kpm21.co.kr

ISBN 979-11-90812-01-6　03320